Étapes menant à l'onction

DAG HEWARD-MILLS

Parchment House

Sauf indication contraire, toutes les citations bibliques sont tirées de la version Louis Segond de la Bible (1910).

Titre original: Steps to the Anointing
Publié pour la première fois en 2008

Version française publié pour la première fois en 2009
Par : Lux Verbi.BM (Pty) Ltd.

Quatrième impression en 2015
Par Parchment House

Traduit par : Arlette Mbarga

Pour savoir plus sur Dag Heward-Mills
Campagne Jésus qui guérit
Écrivez à : evangelist@daghewardmills.org
Site web : www.daghewardmills.org
Facebook : Dag Heward-Mills
Twitter : @EvangelistDag

ISBN : 978-9988-8552-0-8

Dédicace

À ***William Aggrey Mensah***

Merci pour tes splendides illustrations et ta créativité. Tu as joué un rôle immense dans la publication de mes livres et mes ministères médiatiques au fil des années.

Table des Matières

Chapitre 1

Sept raisons pour lesquelles vous devez être oint

1. Vous devez être oint parce que personne ne peut accomplir son ministère par la force naturelle ni par une puissance humaine. Cela n'est possible que par l'Esprit.

Alors il reprit et me dit : C'est ici la parole que l'ÉTERNEL adresse à Zorobabel : Ce n'est ni par la puissance ni par la force, mais c'est par mon esprit, dit l'ÉTERNEL des armées.

Zacharie 4 : 6

Le véritable ministère ne peut réussir que par la puissance du Saint-Ésprit. Un faux ministère opère à l'échelle d'un instituteur, d'un enseignant, d'un conférencier motivateur. Décidez de devenir une personne ointe et d'entrer dans le véritable ministère.

Élevez votre ministère par la puissance de l'onction. Sans l'onction, vous ne pouvez rien faire.

2. Vous devez être oint parce que même Jésus-Christ a attendu d'être oint pour commencer son ministère.

Tout le peuple se faisant baptiser, Jésus fut aussi baptisé ; et, pendant qu'il priait, le ciel s'ouvrit, et le Saint-Esprit descendit sur lui sous une forme corporelle, comme une colombe.

Et une voix fit entendre du ciel ces paroles : Tu es mon Fils bien-aimé ; en toi j'ai mis toute mon affection. Jésus avait environ trente ans lorsqu'il commença son ministère, étant, comme on le croyait, fils de Joseph…

Luc 3 : 21-23

Cet événement marqua le début du ministère de Christ. On n'entend pas parler de lui avant l'âge de trente ans. Dès l'instant où le Saint-Esprit (l'onction) descendit sur Lui, Jésus commença à prêcher, à enseigner et à guérir.

3. **Vous devez être oint parce que même aux apôtres, il avait été demandé d'attendre que le Saint-Esprit vienne (l'onction) avant de commencer leur ministère.**

> **Comme il se trouvait avec eux, il leur recommanda de ne pas s'éloigner de Jérusalem, mais d'attendre ce que le Père avait promis, ce que je vous ai annoncé, leur dit-il…**
>
> **Actes 1 : 4**

Quel genre de ministère pensez-vous que vous aurez sans le Saint-Esprit ? Même les grands apôtres qui marchaient avec Christ avaient besoin de recevoir l'onction pour réussir dans le ministère.

4. **Vous devez être oint parce que de grands prophètes comme Élisée ont demandé l'onction lorsqu'ils ont eu l'occasion de demander ce qu'ils voulaient.**

Élisée réalisa que le ministère ne pouvait être accompli que par l'onction.

> **Lorsqu'Élie lui demanda ce qu'il voulait, il répondit qu'il désirait une double portion d'onction. Lorsqu'ils eurent passé, Élie dit à Élisée : Demande ce que tu veux que je fasse pour toi, avant que je sois enlevé d'avec toi. Élisée répondit : Qu'il y ait sur moi, je te prie, une double portion de ton esprit !**
>
> **2 Rois 2 : 9**

Il aurait pu demander beaucoup d'autres choses. Il aurait pu demander la bonne réputation d'Élie, l'argent d'Élie, les biens d'Élie, la voiture d'Élie ou même la femme d'Élie. Mais après des années passées aux côtés d'Élie, Élisée savait où se trouvait le secret de son ministère.

Il savait que tout reposait sur l'onction, raison pour laquelle il en demanda une double portion. Pourquoi recherchez-vous autre chose alors que de grands prophètes recherchent l'onction ?

5. Vous devez être oint parce que le roi Saül n'a été changé en un « autre homme » qu'après avoir été oint.

Saül passa du statut d'homme ordinaire à celui de roi lorsqu'il fut oint. De la même manière, vous deviendrez un homme d'autorité (un roi) dans le royaume de Dieu lorsque vous serez oint.

Vous pouvez utiliser d'autres méthodes pour manipuler et contrôler les gens, mais vous ne deviendrez jamais un homme d'autorité sans l'onction.

L'onction du Saint-Esprit vous changera en un autre homme.

> **Samuel prit une fiole d'huile, qu'il répandit sur la tête de Saül. Il le baisa, et dit : L'Éternel ne t'a-t-il pas oint pour que tu sois le chef de son héritage ?**
>
> **1 Samuel 10 : 1**

> **L'esprit de l'Éternel te saisira, tu prophétiseras avec eux, et tu seras changé en un autre homme.**
>
> **1 Samuel 10 : 6**

6. Vous devez être oint parce que je roi David, le psalmiste et écrivain oint des Écritures, a attribué toutes ses bénédictions à la sainte onction.

David attribua presque chaque aspect de sa vie à l'onction. Les personnes très spirituelles savent reconnaître les puissants effets de l'onction dans différents domaines de leurs vies.

Dans le psaume quatre-vingt-neuf, on voit le roi David chanter l'un des plus beaux psaumes de la Bible. Dans ce psaume, il décrit les puissants effets de l'onction sur sa vie. Il parle du secours, de la force, de l'affermissement, de l'élévation et de l'autorité comme de choses qui découlent de l'onction.

Si le psalmiste oint reçut toutes ces choses par l'entremise de l'onction, comment comptez-vous obtenir ces mêmes choses sans l'onction ? Pouvez-vous en vouloir au roi David d'avoir crié à l'Éternel : « Ne me retire pas ton Esprit saint » ?

Ne me rejette pas loin de ta face, ne me retire pas ton esprit saint.

Psaume 51 : 11

Le Saint-Esprit (l'onction) était la chose la plus précieuse pour lui.

7. L'onction est essentielle parce que Moïse refusa de continuer le ministère sans elle.

Si même Moïse refusait de faire le moindre pas sans l'onction, comment se fait-il que vous soyez confiant au point de continuer dans le ministère sans elle ?

Dans Exode, nous voyons comment Moïse refusa de poursuivre son ministère si Dieu enlevait Sa puissance et Son onction.

Lorsque Moïse parla à Dieu de marcher avec eux, il parlait de l'onction et de la puissance de Dieu.

Moïse lui dit : *Si tu ne marches pas toi-même avec nous, ne nous fais point partir d'ici.* Comment sera-t-il donc certain que j'ai trouvé grâce à tes yeux, moi et ton peuple? Ne sera-ce pas quand tu marcheras avec nous, et quand nous serons distingués, moi et ton peuple, de tous les peuples qui sont sur la face de la terre ?

L'ÉTERNEL dit à Moïse : Je ferai ce que tu me demandes, car tu as trouvé grâce à mes yeux, et je te connais par ton nom. Moïse dit : Fais-moi voir ta gloire ! L'Éternel répondit : Je ferai passer devant toi toute ma bonté, et je proclamerai devant toi le nom de l'ÉTERNEL ; je fais grâce à qui je fais grâce, et miséricorde à qui je fais miséricorde.

Exode 33 : 15-19

Chapitre 2

Quinze puissants effets de l'onction sur votre ministère

Alors tu parlas dans une vision à ton bien-aimé, et tu dis : J'ai prêté mon secours à un héros, J'ai élevé du milieu du peuple un jeune homme;

J'ai trouvé David, mon serviteur, JE L'AI OINT DE MON HUILE SAINTE.

Ma main le soutiendra, et mon bras le fortifiera.

Psaume 89 : 19-21

Dans l'un des plus beaux psaumes de l'Ancien Testament, le roi David chante au sujet des bénédictions qu'il a reçues parce qu'il était oint.

L'expérience m'a montré que très peu de personnes sont capables de faire le lien entre leurs bénédictions et la véritable source de ces bénédictions. Elles ignorent quand et comment elles sont arrivées où elles sont et ont eu ce qu'elles ont. Cette ignorance est souvent à l'origine de l'ingratitude et de la rébellion. Je pense que réfléchir profondément et savoir reconnaître la source de toutes les bénédictions est une importante qualité.

Il est merveilleux de lire comment David attribue toutes sortes d'avantages à l'onction. Il chérissait beaucoup l'onction et parlait souvent de lui-même comme de « l'oint de l'Éternel ».

Puisse Dieu vous ouvrir les yeux afin que vous preniez conscience de la valeur de Son onction dans votre vie et votre ministère !

Je suis convaincu que si un plus grand nombre de ministres pouvaient voir l'effet de l'onction, ils la désireraient et la rechercheraient par-dessus toute autre chose. Si l'onction avait un tel effet sur la vie de David, vous devez vous attendre à ce qu'elle ait le même effet sur votre vie et votre ministère !

1. L'onction fera en sorte que vous receviez une aide surnaturelle pour votre vie et votre ministère.

David avait le sentiment que son ministère en tant que roi recevait du secours à cause de l'onction. Il dit :

J'ai prêté mon secours à un héros...

Psaume 89 : 19b

2. L'onction fera en sorte que vous soyez élevé dans le ministère.

David considérait son élévation comme une conséquence de l'onction.

J'ai élevé du milieu du peuple un jeune homme.

Psaume 89 : 19c

3. L'onction vous affermira dans le ministère.

On peut clairement voir la différence entre un ministère qui a été établi par Dieu et un ministère qui n'est pas établi. Le roi David a été établi grâce à l'onction.

J'ai trouvé David pour qu'il soit mon serviteur, de mon huile sainte, je lui ai donné l'onction. Je le soutiendrai de ma forte main, je l'affermirai.

Psaume 89 : 21-22 ***(La Bible du Semeur)***

4. L'onction amènera de la force dans votre ministère.

Très souvent, les ministres sont faibles dans leur prédication et leur ministère. La force de la délivrance et le pouvoir de changer la vie des gens ne sont tout simplement pas présents.

L'onction enlèvera toutes sortes de faiblesses de votre vie et de votre ministère. Le roi David avait le sentiment d'être fortifié grâce à l'onction.

Je le soutiendrai de ma forte main...

Psaume 89 : 21 ***(La Bible du Semeur)***

5. L'onction vous préservera de la séduction.

La séduction est un mal qui sévit parmi les ministres. En se développant, elle se transforme en cécité et en hypocrisie dans le ministère. Beaucoup de ministres expérimentés ont d'énormes angles morts. Ils peuvent voir et enlever un petit insecte, mais sont incapables de voir un animal aussi grand qu'un chameau quand il passe !

> **Conducteurs aveugles ! Qui coulez le moucheron, et qui avalez le chameau.**
>
> **Matthieu 23 : 24**

Jésus a sévèrement réprimandé des ministres expérimentés pour leur séduction, leurs angles morts et l'hypocrisie qui en résultait.

> **Malheur à vous, conducteurs aveugles !...**
>
> **Matthieu 23 : 16**
>
> **Insensés et aveugles !**
>
> **Matthieu 23 : 17**
>
> **Aveugles ! …**
>
> **Matthieu 23 : 19**
>
> **Conducteurs aveugles !...**
>
> **Matthieu 23 : 24**
>
> **Pharisien aveugle !...**
>
> **Matthieu 23 : 26**

Toutefois, le roi David avait le sentiment d'avoir vaincu la séduction grâce à l'onction : « L'ennemi ne le surprendra pas » (Psaume 89 : 22). Puissiez-vous être délivré de la séduction grâce à l'onction !

6. L'onction vous délivrera des afflictions du diable.

David était convaincu que la maladie et d'autres afflictions ne pouvaient pas l'atteindre à cause de l'onction. Vous expérimenterez la santé à cause de l'onction.

... Et le méchant ne l'opprimera point ;

Psaume 89 : 22

7. **L'onction fera en sorte que les ennemis qui vous combattent soient détruits.**

L'oint de l'Éternel ne pensait pas que les ennemis étaient détruits parce qu'il était un bon stratège. Il n'attribuait pas ses victoires militaires au fait qu'il avait une grande armée. Il ne pensait même pas que ses ennemis étaient faibles ou manquaient de préparation. David avait le sentiment qu'il vainquait ses ennemis à cause de l'onction.

J'écraserai devant lui ses adversaires, et je frapperai ceux qui le haïssent.

Psaume 89 : 23

8. **L'onction fera en sorte que vous expérimentiez la bonté de Dieu.**

Le roi David réalisa que Dieu était bon envers lui. Il pouvait sentir des faveurs divines et une miséricorde continue. Il était persuadé qu'il expérimentait la bonté de Dieu simplement parce qu'il était oint.

Ma fidélité et ma bonté seront avec lui...

Psaume 89 : 24

9. **L'onction vous établira comme un homme d'autorité.**

... et en mon nom son [pouvoir] sa corne sera exalté[e]...

Psaume 89 : 24
(Bible KJF)

La corne symbolisait l'autorité du roi, et la phrase « sa corne sera exaltée » évoque l'établissement de l'autorité d'une personne. L'autorité est une chose que l'on peut prendre pour acquise jusqu'à ce qu'on la perde.

Lorsque Salomon mourut, son fils Roboam fut incapable de garder le contrôle sur le pays. Les gens ne lui obéissaient pas et ne le servaient tout simplement pas !

David reconnut qu'il avait beaucoup d'autorité, laquelle résultait de l'onction. David croyait qu'il pouvait exercer de l'autorité dans son royaume à cause de l'onction. Puisse votre corne être élevée et puisse Dieu établir votre autorité et votre appel. Puissiez-vous trouver facile de diriger et d'établir le contrôle.

10. L'onction fera en sorte que vous vous étendiez.

Je mettrai sa main sur la mer, et sa droite sur les fleuves.

Psaume 89 : 25

L'oint de l'Éternel, le roi David, voyait dans sa capacité à s'établir au-delà de la mer et des fleuves une conséquence de l'onction. Dieu m'a donné un ministère qui s'étend au-delà de mon pays. Pour voir les fruits de mon ministère, je dois traverser beaucoup de rivières et d'océans. Tout cela est le résultat de l'onction. David croyait qu'il était capable d'étendre son ministère au-delà des mers et des rivières à cause de l'onction.

Je vois votre ministère grandir et dépasser les rivières frontières de votre pays.

11. L'onction fera en sorte que vous développiez une puissante relation avec Dieu.

Lui, il m'invoquera : Tu es mon père, mon Dieu et le rocher de mon salut ! Et moi, je ferai de lui le premier-né...

Psaume 89 : 26-27

Vous savez, tout ce que vous avez est un don. Même votre capacité à rechercher Dieu et à Le trouver est un don. Le plus grand cadeau qu'une personne puisse recevoir est d'avoir une relation étroite avec Dieu. David en était conscient et chérissait sa capacité à avoir une relation avec Dieu.

Une fois de plus, il connaissait la source de ce don. Longtemps avant l'ère de la grâce, il était convaincu d'avoir une relation père-fils avec Jéhovah à cause de l'onction.

12. L'onction vous donnera quelque chose d'éternel.

Et moi, je ferai de lui le premier-né, le plus élevé des rois de la terre.

Psaume 89 : 27

David était conscient qu'il recevait quelque chose de plus précieux que ce que les rois de la terre avaient. Quelque chose d'éternel ! Quelque chose de réellement précieux ! L'onction fera en sorte que votre vie ait une valeur éternelle.

Votre ministère portera du fruit au-delà de cette terre et jusque dans l'éternité à cause de l'onction.

13. L'onction fera en sorte que vous ayez une relation d'alliance avec Dieu.

Et mon alliance lui sera fidèle...

Psaume 89 : 28

Beaucoup de personnes ne se rendent pas compte que Dieu n'entretient pas de rapports basés sur des alliances avec tout le monde.

Avez-vous des accords avec tout le monde que vous connaissez ? Votre alliance conjugale et d'autres alliances conclues avec vos partenaires commerciaux constituent des accords très particuliers conclus avec des personnes particulières ! Dieu choisit des personnes particulières pour conclure des alliances avec elles.

David était convaincu qu'il avait une relation d'alliance avec Dieu à cause de l'onction. Puissiez-vous être l'une des personnes particulières avec qui Dieu a des alliances !

14. L'onction aura assurément un effet sur vos enfants.

Je rendrai sa postérité éternelle...

Psaume 89 : 29

Vous pouvez vous attendre à ce que l'onction influence vos enfants et les amène à Dieu. Tous les parents qui ont de l'expérience savent que seule la puissance de Dieu peut permettre à un enfant d'aller dans la bonne direction.

La plupart des enfants abandonnent les idéaux d'enfance que leurs parents leur ont inculqués lorsqu'ils deviennent des adolescents. Vous vous rendez vite compte que seule la puissance de Dieu peut conduire un enfant dans la bonne direction.

Appuyez-vous sur l'onction, et vos enfants seront affermis et deviendront une louange sur la terre.

David était convaincu que même ses enfants bénéficieraient du fait qu'il était oint. En effet, l'onction a une incidence sur les enfants.

15. L'onction vous donnera un ministère durable.

> **Sa postérité subsistera toujours ; Son trône sera devant moi comme le soleil, comme la lune il aura une éternelle durée. Le témoin qui est dans le ciel est fidèle.**
>
> **Psaume 89 : 36-37**

Beaucoup de ministères s'éteignent au bout de quelques années. Beaucoup de choses que nous construisons ne sont pas durables. Il faut la puissance de Dieu pour que les choses survivent et durent. L'onction vous donnera cet avantage dans le ministère. Permanence et longévité seront envoyées dans tout ce que vous faites à cause de l'onction !

Chapitre 3

Une étape menant à l'onction

Dieu décide qui devient oint

N'y a-t-il que sept étapes qui mènent à l'onction ? Je ne crois pas. L'onction, c'est le Saint-Esprit. L'onction, c'est la puissance du Saint-Esprit. Peut-il n'y avoir que sept simples étapes qui mènent au Saint-Esprit ? S'il n'y a que sept simples étapes qui mènent à cette onction, pourquoi le nombre de personnes qui a reçu l'onction n'est-il pas plus grand ?

Quand on parle de l'onction, on parle de Dieu. Peut-il y avoir sept étapes menant à Dieu ? Peut-on accéder à Dieu en suivant sept simples étapes ? Certainement pas ! Il dit dans Sa parole :

Mais tu es un Dieu qui te caches, Dieu d'Israël, sauveur !

Ésaïe 45 : 15

Dieu se cache et n'est pas facile à trouver. C'est la raison pour laquelle vous devez demander pour recevoir. Vous devez chercher pour trouver et frapper pour qu'on vous ouvre.

Parfois, vous devrez faire plus que demander et commencer à chercher. Parfois, vous devrez faire plus que demander et chercher et commencer à frapper.

Il y a quelques années, j'ai entendu quelqu'un parler de sept étapes menant à l'onction, et j'ai été réellement béni par les vérités contenues dans son message.

Après m'être imprégné de ce message pendant des années, je me suis rendu compte qu'il y avait beaucoup plus de séries de « sept étapes » qui menaient à l'onction du Saint-Esprit.

Dans ce livre, j'essaierai de vous parler de certaines de ces séries de « sept étapes » menant à l'onction.

Dans le présent chapitre toutefois, j'aimerais vous montrer une étape menant à l'onction qui supplante toutes les autres étapes mentionnées dans ce livre ou dans d'autres livres. C'est celle de la volonté souveraine de Dieu. Peu importe combien vous travaillez ou suivez certains principes, Dieu choisit divinement ceux à qui Il permet de s'approcher de Lui.

Quatre personnes qui comprirent la source de l'onction

1. **Jésus-Christ a enseigné qu'au bout du compte, la promotion, la puissance et les bénédictions de Dieu sont accordées sur décision céleste de Dieu.**

La mère des fils de Zébédée souhaitait que ses fils s'asseyent à la droite et à la gauche du Seigneur. Jésus répondit en disant qu'il leur faudrait d'abord boire la coupe du sacrifice.

> **Alors la mère des fils de Zébédée s'approcha de Jésus avec ses fils, et se prosterna, pour lui faire une demande.**
>
> **Il lui dit : Que veux-tu ? Ordonne, lui dit-elle, que mes deux fils, que voici, soient assis, dans ton royaume, l'un à ta droite et l'autre à ta gauche.**
>
> **Jésus répondit : Vous ne savez ce que vous demandez. Pouvez-vous boire la coupe que je dois boire ? Nous le pouvons, dirent-ils. Et il leur répondit : Il est vrai que vous boirez ma coupe ; mais pour ce qui est d'être assis à ma droite et à ma gauche, cela ne dépend pas de moi, et ne sera donné qu'à ceux à qui mon Père l'a réservé.**
>
> **Matthieu 20 : 20-23**

Mais même après avoir payé le prix et bu la coupe du sacrifice, la décision concernant celui qui s'assoira à la gauche ou à la droite de Dieu est prise par le Père.

Cela signifie que vous avez beau travailler dur et faire des sacrifices, certaines choses sont décidées par Dieu. Certaines positions sont divinement données par Dieu.

Quel que soit le nombre d'étapes menant à l'onction que vous franchissez, c'est Dieu qui décide si vous serez oint ou non.

2. **Le roi David a compris qu'au bout du compte, Dieu est celui qui décide qui reçoit l'onction.**

> **Heureux celui que tu choisis et que tu admets en ta présence, pour qu'il habite dans tes parvis ! Nous nous rassasierons du bonheur de ta maison, de la sainteté de ton temple.**
>
> **Psaume 65 : 4**

Dieu choisit les gens qu'il admet en sa présence. Dieu amène les gens à habiter dans Ses parvis. David a dit : «...celui que tu choisis...pour qu'il habite dans tes parvis...»

3. **Il a été révélé à Moïse que la présence de Dieu était donnée sur décision de Dieu lui-même.**

La présence de Dieu serait avec vous, a dit Moïse. N'oubliez pas que Moïse était un meurtrier recherché en Égypte pour ses crimes. Dieu avait divinement décidé de lui témoigner sa miséricorde. Dieu choisit qui Il honore de Son onction et de Sa présence. Votre sacrifice et votre dur labeur ne vous permettront pas toujours de gagner une place.

> **Moïse lui dit : Si tu ne marches pas toi-même avec nous, ne nous fais point partir d'ici. Comment sera-til donc certain que j'ai trouvé grâce à tes yeux, moi et ton peuple ? Ne sera-ce pas quand tu marcheras avec nous, et quand nous serons distingués, moi et ton peuple, de tous les peuples qui sont sur la face de la terre ?**
> **L'ÉTERNEL dit à Moïse : Je ferai ce que tu me demandes, car tu as trouvé grâce à mes yeux, et je te connais par ton nom.**
> **Moïse dit : Fais-moi voir ta gloire !**
> **L'ÉTERNEL répondit : Je ferai passer devant toi toute ma bonté, et je proclamerai devant toi le nom de l'ÉTERNEL ; je fais grâce à qui je fais grâce, et miséricorde à qui je fais miséricorde.**
>
> **Exode 33 : 15-18**

4. **Paul a également eu cette révélation. Il savait que Dieu est celui qui décide qui porte l'onction.**

Mais qui es-tu donc, toi, homme, pour contredire Dieu ? Le vase d'argile demande-t-il à celui qui l'a façonné : « Pourquoi m'as-tu fait ainsi ? » Le potier peut faire ce qu'il veut avec l'argile : à partir de la même pâte il peut fabriquer un vase précieux ou un vase ordinaire.

Romains 9 : 20-22
(Bible en français courant)

Chapitre 4

Sept étapes menant à l'onction dans le Jourdain

Alors Jésus vint de la Galilée au Jourdain vers Jean, pour être baptisé par lui.

Mais Jean s'y opposait, en disant : C'est moi qui ai besoin d'être baptisé par toi, et tu viens à moi !

Jésus lui répondit : laisse faire maintenant, car il est convenable que nous accomplissions ainsi tout ce qui est juste. Et Jean ne lui résista plus.

Dès que Jésus eut été baptisé, il sortit de l'eau. Et voici, les cieux s'ouvrirent, et il vit l'Esprit de Dieu descendre comme une colombe et venir sur lui.

Et voici, une voix fit entendre des cieux ces paroles : Celui-ci est mon Fils bien-aimé, en qui j'ai mis toute mon affection.

Matthieu 3 : 13-17

Dans les sept étapes menant à l'onction dans le Jourdain, nous voyons comment notre Seigneur Jésus reçut le Saint-Esprit et devint oint pour le ministère. Ces quelques versets contiennent de puissantes révélations qui vous mèneront à l'onction que vous désirez. Ce sont des étapes que notre Seigneur lui-même a suivies, des étapes qui mènent au type d'onction le plus élevé.

L'onction qui reposait sur Jésus était une onction sans mesure.

Étape 1 : Allez vers votre homme de Dieu

Alors Jésus vint de la Galilée au Jourdain vers Jean, pour être baptisé par lui.

Matthieu 3 : 13

Dieu a une onction pour vous, et Il vous la donnera à travers Son serviteur. Malheureusement, beaucoup de personnes deviennent membres de la mauvaise église ou du mauvais ministère. En faisant cela, ils finissent par ne pas recevoir l'onction. Parfois, la personne sur qui repose l'onction que vous avez besoin de recevoir est plus jeune que vous ou est originaire du « mauvais » pays. Il est peut-être noir alors qu'il aurait dû être blanc. Il a peut-être un accent différent du vôtre, et vous le méprisez.

Jean-Baptiste vivait et faisait le ministère loin dans le désert. Il portait des culottes faites maison et faisait le ministère en public. Il mangeait des sauterelles et du miel sauvage au déjeuner tous les jours. Pourtant, c'est vers lui que notre Seigneur fut attiré. Vous devez être attiré par l'onction. Vous devez voir au-delà du physique. Vous devez voir au-delà des faiblesses humaines et croire en l'onction.

Étape 2 : Soumettez-vous à votre homme de Dieu

Tout le peuple se faisant baptiser, Jésus fut aussi baptisé…

Luc 3 : 21

Jésus n'a pas fait qu'assister au ministère de Jean-Baptiste. Il s'y est soumis. Au moment où tout le monde se faisait baptiser, Il se joignit au groupe et reçut sa bénédiction. Il ne devint pas un spectateur et un commentateur. Il ne devint pas un critique du ministère de Jean-Baptiste. En fait, il se fait baptiser par Jean-Baptiste.

Autrement dit, il suivit en fait les enseignements et les directives de Jean-Baptiste. Jean était un homme aux prédications violentes qui pratiquait le baptême par immersion. Jésus-Christ se joignit pleinement à lui et s'adapta à tout. Lorsqu'il fallut se baptiser, Il alla devant et participa.

Il y a beaucoup de personnes qui ne suivent ni les enseignements ni les instructions de leurs pères spirituels. Elles fréquentent le ministère et y sont associés, mais en réalité, elles ne se soumettent pas aux enseignements. Vous devez vous soumettre aux enseignements.

Étape 3 : Humiliez-vous dans le royaume

Lorsque Jésus alla vers Jean, Il s'humilia et entra dans les rangs.

> **Tout le peuple se faisant baptiser, Jésus fut aussi baptisé...**
>
> **Luc 3 : 21**

Jésus se joignit au peuple et reçut Son baptême comme un homme du peuple.

Il est important d'être humble dans l'église ou le ministère que Dieu vous a amené. Les personnes plus âgées et les riches reçoivent rarement l'onction. Il est difficile pour les personnes qui occupent un rang élevé dans la société de recevoir l'onction.

La clef maîtresse qui permet de recevoir quoi que ce soit dans le royaume, c'est l'humilité. Jésus a dit que si vous ne devenez pas comme les petits enfants, vous n'entrerez pas dans le royaume des cieux. L'entrée dans l'onction est accordée au moyen de la clef d'une humilité semblable à celle d'un enfant.

Si Jésus ne s'était pas humilié et fait baptiser, Il n'aurait pas reçu l'onction.

Étape 4 : Ne vous laissez pas guider par les hommes

> **Mais JEAN S'Y OPPOSAIT, en disant : C'est moi qui ai besoin d'être baptisé par toi, et tu viens à moi !**
>
> **Matthieu 3 : 14**

La quatrième étape menant à l'onction nécessite que vous évitiez de commettre l'erreur qui consiste à être conduit par les hommes. Ne laissez aucun être humain vous empêcher de faire ce que vous devez faire pour devenir oint. Jean-Baptiste essaya d'empêcher Jésus de se faire baptiser.

Vous pouvez être surpris de savoir que les hommes de Dieu donnent parfois des conseils qui vous éloignent de l'onction.

L'onction est le cadeau le plus précieux que vous puissiez recevoir de Dieu.

Il s'accompagne par conséquent des tests les plus rigoureux. Qui pourrait soupçonner que les paroles ou les conseils d'un homme de Dieu en qui l'on a confiance pourraient en fait vous éloigner de l'onction. C'est un test de haut niveau très difficile pour tout le monde. Nous savons tous que le diable aimerait vous empêcher de devenir oint.

Mais c'est ce qui arriva lorsqu'Élie essaya d'empêcher Élisée de le suivre. De Gilgual à Jéricho, jusqu'à Béthel, et même au Jourdain, Élie essaya de se débarrasser d'Élisée.

Ce test très difficile permet de savoir si celui qui désire l'onction est connecté à la voix de Dieu même dans les situations les plus incertaines, vagues et troubles. Une fois que vous serez oint, vous aurez une grande autorité, et vous devez être en accord avec Dieu.

Étape 5 : Remplissez toutes les formalités requises et accomplissez tout ce qui est juste

Il y a des formalités légales que vous devez remplir pour accéder à l'onction. De même qu'il y a des formalités à remplir pour entrer dans une école, un bus, un avion ou même un pays, de même il y a des exigences que vous devez remplir pour être légalement qualifié pour recevoir l'onction. Notre Seigneur aurait commis une grande erreur s'il ne s'était pas fait baptiser. Sa soumission au ministère de Jean-Baptiste était essentielle pour que sa propre autorité soit légalement établie. Des années plus tard, lorsque l'autorité de Jésus fut remise en question, Il se contenta de faire référence à Jean-Baptiste et demanda à ces personnes si elles reconnaissaient l'autorité de Jean-Baptiste.

Lorsqu'on demanda à John Wesley en vertu de quelle autorité il prêchait, il déclarait qu'il prêchait en vertu de l'autorité qui lui avait été conférée lors de son ordination par l'Église d'Angleterre. Tout grand ministre doit prouver qu'il a légalement reçu une autorité spirituelle en se soumettant au ministère d'un autre homme de Dieu. Malheureusement, beaucoup de ministres se privent d'une autorité spirituelle légale en ne se faisant pas convenablement ordonner et introduire dans le ministère.

Étape 6 : Comprendre le temps de Dieu

Jésus lui répondit : Laisse faire MAINTENANT…

Matthieu 3 : 15

Le Royaume de Dieu fonctionne par temps et par saisons. Jésus savait que le moment était venu pour lui de se soumettre à quelqu'un d'autre. Il y a une saison pour tout. Pour être oint, vous devez savoir quand le moment est venu pour vous de faire certaines choses.

Parfois, nous craignons d'entretenir une relation avec certaines personnes ou de faire certaines choses parce que nous avons le sentiment que nous devrons le faire éternellement. Devrai-je honorer cet homme de Dieu éternellement ? Devrai-je me soumettre éternellement ? Devrai-je donner une offrande à cette personne chaque année ?

Ce que les gens ne comprennent pas, c'est qu'il y a un temps et une saison pour tout. Jésus allait vivre Sa vie et conduire Son ministère indépendamment de Jean-Baptiste. Il allait même prêcher et enseigner sur des sujets complètement différents. Toutefois, à ce moment-là de Sa vie et de Son ministère, Il avait besoin d'assister aux réunions de Jean-Baptiste et de se soumettre aux pratiques de Jean.

Qu'êtes-vous censé faire à ce moment-ci ? N'avortez pas votre ministère en vous comportant mal à une saison critique et humiliante de votre vie.

Étape 7 : Prière et spiritualité

Tout le peuple se faisant baptiser, Jésus fut aussi baptisé; et, pendant qu'il PRIAIT, le ciel s'ouvrit...

Luc 3 : 21

Priez pour recevoir l'onction ! Priez pour recevoir le Saint-Esprit ! La prière est une importante étape qui permet de recevoir l'onction. Si vous priez et demandez à Dieu de vous donner le Saint-Esprit, Il vous vous le donnera. Pendant que le reste de la congrégation se bouchait probablement le nez pour empêcher l'eau d'y pénétrer, Jésus était en train de prier. Il pria, et les cieux s'ouvrirent, et le Saint-Esprit descendit. Prier pour recevoir l'onction est peut-être la prière la plus importante que vous ferez jamais !

Jésus nous a enseigné à prier spécifiquement pour recevoir le Saint-Esprit. C'est une prière pour recevoir l'onction. Recevoir le Saint-Esprit est la chose pour laquelle tous les ministres devraient prier.

> **Si donc, méchants comme vous l'êtes, vous savez donner de bonnes choses à vos enfants, à combien plus forte raison le Père céleste donnera-t-il le Saint-Esprit à ceux qui le lui demandent.**
>
> **Luc 11 : 13**

Le Saint-Esprit vous aidera. Le Saint-Esprit descendra sur nous, et nos ministères désertiques deviendront des champs verdoyants.

> **Demandez à l'ÉTERNEL la pluie, la pluie du printemps ! L'ÉTERNEL produira des éclairs, et il vous enverra une abondante pluie, il donnera à chacun de l'herbe dans son champ.**
>
> **Zacharie 10 : 1**

La venue de l'onction

> **Et voici, les cieux s'ouvrirent, et il vit l'Esprit de Dieu descendre comme une colombe et venir sur lui.**
>
> **Matthieu 3 : 16**

Enfin, les cieux s'ouvrirent, et le Saint-Esprit descendit sur le Seigneur. C'est alors que commença le puissant ministère de notre Seigneur Jésus-Christ. La puissance qui allait permettre que de puissants miracles se produisent était arrivée. La puissance qui allait ressusciter les morts trois fois était maintenant présente. Le Saint-Esprit était descendu sous une forme humaine sur Jésus-Christ. Il n'était plus simplement une personne qui avait pris la forme d'un homme, mais une personne ointe par le Saint-Esprit et de puissance, qui parcourait les villes et guérissait tous ceux qui étaient oppressés par le diable.

Puissiez-vous être oint par le Saint-Esprit ! Puissiez-vous vivre l'expérience qui consiste à devenir une personne ointe ! Puissiez-vous marcher avec Dieu et Le suivre jusqu'au jour où la précieuse substance qu'est l'onction sera vôtre.

Chapitre 5

Sept étapes menant à l'onction dans le désert

Jésus, rempli du Saint-Esprit, revint du Jourdain, et il fut conduit par l'Esprit dans le désert où il fut tenté par le diable pendant quarante jours. Il ne mangea rien durant ces jours-là, et, après qu'ils furent écoulés, il eut faim.

Le diable lui dit : Si tu es Fils de Dieu, ordonne à cette pierre qu'elle devienne du pain.

Jésus lui répondit : Il est écrit : L'Homme ne vivra pas de pain seulement.

Le diable, l'ayant élevé, lui montra en un instant tous les royaumes de la terre, et lui dit : Je te donnerai toute cette puissance, et la gloire de ces royaumes ; car elle m'a été donnée, et je la donne à qui je veux. Si donc tu te prosternes devant moi, elle sera toute à toi.

Jésus lui répondit : Il est écrit : Tu adoreras le Seigneur, ton Dieu, et tu le serviras lui seul.

Le diable le conduisit encore à Jérusalem, le plaça sur le haut du temple, et lui dit : Si tu es Fils de Dieu, jette-toi d'ici en bas ; car il est écrit : Il donnera des ordres à ses anges à ton sujet, afin qu'ils te gardent ; et : Ils te porteront sur les mains, de peur que ton pied ne heurte contre une pierre.

Jésus lui répondit : Il est dit : Tu ne tenteras point le Seigneur, ton Dieu.

Après l'avoir tenté de toutes ces manières, le diable s'éloigna de lui jusqu'à un moment favorable.

Jésus, revêtu de la puissance de l'Esprit, retourna en Galilée, et sa renommée se répandit dans tout le pays d'alentour. Il enseignait dans les synagogues, et il était glorifié par tous.

Luc 4 : 1-15

Étape 1 : Être conduit par l'Esprit

> **Alors Jésus fut emmené par l'Esprit dans le désert...**
>
> **Matthieu 4 : 1**

Pour arriver au lieu de l'onction, vous devrez être conduit par le Saint-Esprit. La plupart des gens pensent que le Saint-Esprit est quelqu'un qui nous conduit à différents endroits physiques. Vous pouvez penser que le Saint-Esprit vous conduira dans certains pays ou villes. Mais le Saint-Esprit vous conduit vers une destination spirituelle. Vous êtes destiné à devenir une personne ointe. Votre destination est un étang d'huile d'onction du Saint-Esprit !

Il y a des années, j'ai entendu Kenneth Hagin dire que le secret qui distingue les ministres les uns des autres, c'est la capacité à être conduit par l'Esprit. À partir de ce moment-là, mon intérêt pour le fait d'être conduit par l'Esprit a beaucoup grandi. Je suis convaincu que c'est l'une des capacités les plus importantes qu'une personne puisse acquérir, à savoir être conduit par le Saint-Esprit ! Je suis tombé amoureux du livre de Kenneth Hagin intitulé « Conduit par l'Esprit de Dieu ». Je suis aussi convaincu qu'être conduit par l'Esprit est ce qui caractérise les hommes oints.

En effet, Moïse enseigna que la capacité d'entendre la voix de Dieu allait permettre à Israël d'être mis à part et de se distinguer des autres nations.

> **Si tu obéis à la voix de l'ÉTERNEL, ton Dieu, en observant et en mettant en pratique tous ses commandements que je te prescris aujourd'hui, l'ÉTERNEL, ton Dieu, te donnera la supériorité sur toutes les nations de la terre.**
>
> **Deutéronome 28 : 1**

Vous voulez être mis à part et devenir unique, important, remarquable, et même exceptionnel dans le ministère ? Apprenez à suivre la voix du Saint-Esprit. Il est prêt à vous conduire au lieu de l'onction, comme il l'a fait avec Jésus. (Voir mon livre intitulé « L'art d'entendre »).

Étape 2 : Soyez une personne qui peut être conduite par le Saint-Esprit dans un désert

Alors Jésus fut emmené par l'Esprit dans le désert...

Matthieu 4 : 1

Le Saint-Esprit conduisit Jésus dans un désert sauvage et stérile, un lieu de privations éloigné de tout confort et de tout plaisir. Pourtant, Jésus suivit le Saint-Esprit à cet endroit difficile. La plupart des gens ne suivront le Saint-Esprit que s'il les conduit à un lieu agréable.

Vous devez devenir quelqu'un qui a la capacité de suivre le Saint-Esprit même lorsqu'Il vous conduit dans une direction contraire à vos penchants naturels. C'est un niveau plus élevé, s'agissant d'être conduit par le Saint-Esprit. Être oint, c'est être doté de pouvoirs surnaturels, célestes. Ces pouvoirs ne sont pas un jeu et ne vous sont pas donnés pour vous amuser. Vous ne pouvez pas utiliser l'onction à des fins personnelles. Une personne ointe doit suivre l'Esprit et obéir à Ses instructions en tout temps.

Si vous n'avez pas appris comment suivre le Saint-Esprit, vous serez probablement un dangereux détenteur de l'onction. Vous ressembleriez à un terroriste irresponsable en possession d'armes nucléaires. C'est la raison pour laquelle vous devez d'abord devenir quelqu'un qui peut être conduit n'importe où, à n'importe quel moment, et même jusqu'à sa propre mort.

Étape 3 : Réussir les tests et les épreuves des tentations du ministère

Alors Jésus fut emmené par l'Esprit dans le désert, pour être tenté...

Matthieu 4 : 1

Il est important que Dieu nous mette à l'épreuve afin de pouvoir nous promouvoir. Les enfants d'Israël furent conduits dans le désert par la colonne de feu.

Leur premier port d'escale fut un point d'eau amer.

Moïse fit partir Israël de la mer Rouge. Ils prirent la direction du désert de Schur; et, après trois journées de marche dans le désert, ils ne trouvèrent point d'eau.

Ils arrivèrent à Mara; mais ils ne purent pas boire l'eau de Mara parce qu'elle était amère. C'est pourquoi ce lieu fut appelé Mara.

Exode 15 : 22-23

Je suis convaincu que Dieu vous conduira à une expérience amère dans le cadre de Son plan général pour votre vie. Cela fera ressortir le meilleur ou le pire de vous. Cela séparera les croyants des non croyants. Le temps que vous en ayez fini avec le désert, soit votre foi sera solide comme un roc, soit vous sortirez du ministère.

Je me souviens d'un jour où le Seigneur murmura dans mon esprit : « Tout ce qui s'est passé était un test ». Ce fut après que j'eus traversé différentes épreuves pendant quelques années. Je fus en effet déconcerté. Il ne m'était pas venu à l'idée que ce que je traversais était une sorte d'épreuve.

Beaucoup d'expériences que vous vivez sont simplement des tests sur le chemin de l'onction. Permettez à Dieu de vous conduire à travers le désert et l'amertume du ministère. Assurément, vous n'êtes qu'à un pas de l'onction que vous désirez.

Étape 4 : Réussir les épreuves de la chair

Le tentateur, s'étant approché, lui dit : Si tu es Fils de Dieu, ordonne que ces pierres deviennent des pains.

Jésus répondit : Il est écrit : L'homme ne vivra pas de pain seulement, mais de toute parole qui sort de la bouche de Dieu.

Matthieu 4 : 3-4

Avant que vous ne soyez oint, vous devez réussir l'épreuve de la chair. Jésus fut éprouvé par une tentation en rapport avec ses désirs charnels et naturels. Lorsque vous serez oint, les jeunes filles vous aimeront et les hommes donneront leurs vies pour vous.

Tes parfums ont une odeur suave; ton nom est un parfum qui se répand ; c'est pourquoi les jeunes filles t'aiment.

Cantique des Cantiques 1 : 3

L'onction vous donnera un accès facile à des foules qui vous adorent. Si vous n'avez pas appris à maîtriser votre chair, vous coucherez avec beaucoup de femmes ou d'hommes avant que votre vie et votre ministère ne prennent fin.

L'onction finira par vous donner de la puissance et de l'autorité sur beaucoup d'argent. Le lien entre les finances et l'onction est une prophétie d'Ésaïe.

Mais vous, on vous appellera sacrificateurs de l'ÉTERNEL, On vous nommera serviteurs de notre Dieu ; Vous mangerez les richesses des nations, et vous vous glorifierez de leur gloire.

Ésaïe 61 : 6

Le jour où vous marcherez dans l'onction et aurez accès aux richesses des nations, comment vous comporterez-vous ?

Volerez-vous tout l'argent qui appartient à l'église de Dieu ou arriverez-vous à vous maîtriser ? Arriverez-vous à maîtriser vos désirs et vos envies le jour où vous serez oint ? C'est la raison pour laquelle Dieu met la chair à l'épreuve sur le chemin de l'onction. Si Jésus a été mis à l'épreuve de cette manière, vous le serez également !

Lorsque vous êtes oint, vous ne pouvez pas simplement faire tout ce que vous voulez. C'est aussi simple que cela. Vous ne pouvez pas vous comporter n'importe comment et faire n'importe quoi. Vous avez beaucoup de restrictions à cause de l'onction.

Étape 5 : Réussir l'épreuve relative à l'utilisation abusive de l'autorité

Le diable le transporta dans la ville sainte, le plaça sur le haut du temple, et lui dit :

Si tu es Fils de Dieu, jette-toi en bas ; car il est écrit : Il donnera des ordres à ses anges à ton sujet ; et ils te porteront sur les mains, de peur que ton pied ne heurte contre une pierre. Jésus lui dit :

Il est aussi écrit : Tu ne tenteras point le Seigneur, ton Dieu.

Matthieu 4 : 5-7

Sur le chemin qui mène à l'onction la plus élevée, vous serez mis à l'épreuve comme Jésus l'a été. On donna à Jésus la possibilité d'utiliser Sa puissance à mauvais escient. Il fut tenté d'utiliser la puissance, les finances et l'influence de Son ministère pour une chose à laquelle Dieu ne l'avait pas appelé.

Il fut tenté d'utiliser l'influence de Son ministère pour accomplir des exploits personnels différents de sa mission.

Parfois, les ministres se servent de l'influence de leur ministère pour bâtir des choses qui ne sont pas inspirées par Dieu.

L'onction qui reposait sur Jésus n'était pas destinée à faire de l'escalade ou à se jeter du haut d'une falaise ! Jésus n'était pas sur le point d'utiliser le don de Dieu pour devenir le détenteur du record mondial du saut en hauteur. Jésus fut tenté de réorienter son énergie spirituelle vers des entreprises séculières et sociales. C'est ce qui arrive lorsque des ministres détournent les vastes ressources et l'influence de leur ministère de l'Évangile.

Avant que vous ne receviez la puissante force de l'Esprit, Dieu vous mettra à l'épreuve pour voir à quel point vous vous éloignerez de Son appel lorsqu'Il vous donnera la puissance et l'influence suprêmes.

Étape 6 : La tentation de prendre des raccourcis dans le ministère

Le diable le transporta encore sur une montagne très élevée, lui montra tous les royaumes du monde et leur gloire, et lui dit :
Je te donnerai toutes ces choses, si tu te prosternes et m'adores. Jésus lui dit : Retire-toi, Satan ! Car il est écrit : Tu adoreras le Seigneur, ton Dieu, et tu le serviras lui seul.

Matthieu 4 : 8-10

Sur le chemin de l'onction, Jésus fut aussi tenté de prendre des raccourcis. Il fut tenté de se prosterner devant le diable et de reprendre le monde qu'Il était venu sauver.

C'était le chemin le plus court vers le salut du monde entier. En prenant ce raccourci, Il n'aurait pas eu à prêcher ni à se rendre dans autant de villages.

Il n'aurait pas eu à être persécuté par des hommes remplis de haine. Quel moyen rapide de réaliser des rêves. C'est une épreuve courante sur le chemin de l'onction.

Telle voie paraît droite à un homme, mais son issue, c'est la voie de la mort. Parfois, ce qui est important, ce n'est pas de faire les choses, mais la manière dont on les fait.

Démarrer une église est une bonne chose, mais la manière de le faire peut avoir une incidence sur l'avenir. Détruire l'église de quelqu'un d'autre et commencer votre église avec la moitié des membres de sa congrégation est un moyen plus court et plus rapide. Mais ce raccourci ne vous mènera pas à l'onction. Il y a beaucoup d'autres raccourcis qui permettent d'éviter l'humiliation, le rejet et les accusations.

Cher ami, c'est par beaucoup de tribulations qu'il nous faut tous entrer dans le royaume de Dieu.

Étape 7 : Aller vers le lieu où votre onction peut s'épanouir

Jésus, revêtu de la puissance de l'Esprit, retourna en Galilée...

Luc 4 : 14

La dernière étape menant à l'onction est la sagesse d'aller à l'endroit où le don et l'onction qui repose sur votre vie pourront se développer. Comme vous le remarquerez, Jésus alla en Galilée, et non à Jérusalem.

Jésus fit le ministère essentiellement dans la région de Galilée, située à quelques heures en voiture de Jérusalem. Pourquoi n'alla-t-il pas à Jérusalem ? Il n'alla pas à Jérusalem parce que l'onction n'allait pas fonctionner dans cette ville. Lorsqu'il fit le ministère à Nazareth, on ne le reçut pas et Il ne put y opérer que très peu de miracles (Marc 6 : 2).

Il y a des années, je pensais : « Si tu es oint, tu es oint ».

« Si c'est Dieu, Il pourra agir n'importe où et avec n'importe qui », me disais-je.

Toutefois, j'ai découvert que Dieu n'agit pas partout avec tout le monde, quelle que soit la force de l'onction.

L'un des passages les plus surprenants de la Bible, c'est celui où Jésus se lamenta au sujet de certaines villes. On dit de ces villes qu'elles étaient les villes dans lesquelles avaient eu lieu la plupart de ses miracles.

Alors il se mit à faire des reproches aux villes DANS LESQUELLES AVAIENT EU LIEU LA PLUPART DE SES MIRACLES, parce qu'elles ne s'étaient pas repenties.

Malheur à toi, Chorazin ! malheur à toi, Bethsaïda ! car, si les miracles qui ont été faits au milieu de vous avaient été faits dans Tyr et dans Sidon, il y a longtemps qu'elles se seraient repenties, en prenant le sac et la cendre.

Matthieu 11 : 20-21

Manifestement, Il ne fit pas de grandes œuvres partout. Étonnamment, les Écritures nous disent qu'il ne put pas opérer de miracles dans son propre pays, où il avait été élevé.

La Bible ne dit pas qu'il n'*opéra* pas, mais qu'il *ne put pas opérer* de miracles dans cette ville.

> **IL NE PUT FAIRE LÀ AUCUN MIRACLE, si ce n'est qu'il imposa les mains à quelques malades et les guérit. Et il s'étonnait de leur incrédulité. Jésus parcourait les villages d'alentour, en enseignant.**
>
> **Marc 6 : 5-6**

Il est important que vous vous rendiez à votre Galilée. N'allez pas à Jérusalem ni à Nazareth. Il y a une Galilée qui vous attend. C'est en Galilée que vous vous épanouirez le mieux. Vous découvrirez des villes comme Bethsaïda et Chorazin où vous accomplirez des miracles pour l'Éternel.

N'essayez pas d'être plus grand que Jésus. Si Jésus a opéré des miracles partout, alors vous pouvez vous attendre à en faire autant.

Mais Il ne l'a pas fait et ne pouvait pas le faire ! Si Jésus a opéré des miracles à certains endroits, attendez-vous aussi à opérer des miracles à certains endroits. Connectez-vous simplement à votre Galilée et commencez à prospérer dans l'onction.

Chapitre 6

Sept étapes menant à l'onction dans la maison de Corneille

Il y avait à Césarée un certain homme appelé Corneille, un centurion de la bande appelée Italienne.

Un homme pieux, et craignant Dieu avec toute sa maison, qui faisait beaucoup d'aumônes au peuple, et priait Dieu continuellement.

Il vit clairement dans une vision, vers la neuvième heure du jour, un ange de Dieu venant à lui, lui disant : Corneille !

Et lorsqu'il le regarda, il eut peur, et dit : Qu'est-ce, Seigneur ? Et il lui dit : Tes prières et tes aumônes sont montées comme un mémorial devant Dieu.

Et maintenant envoie des hommes à Joppa (Jaffa), et fais venir Simon, qui est surnommé Pierre.

Actes 10 : 1-5
(Bible KJF)

Tandis que Pierre disait encore ces paroles, l'Esprit Saint descendit sur tous ceux qui entendaient la parole.

Et ceux de la circoncision qui croyaient étaient étonnés, car beaucoup étaient venus avec Pierre, de ce que le don de l'Esprit Saint était aussi répandu sur les Gentils.

Car ils les entendaient parler [diverses] langues, et magnifier Dieu.

Actes 10 : 44-46
(Bible KJF)

Étape 1 : Donner des offrandes à Dieu

Un homme pieux, et craignant Dieu avec toute sa maison, qui faisait beaucoup d'aumônes au peuple, et priait Dieu continuellement.

Actes 10 : 2
(Bible KJF)

L'histoire de Corneille, c'est l'histoire d'un homme qui fut miraculeusement rempli du Saint-Esprit. Il fut choisi parmi les habitants de sa ville, Césarée, et oint du Saint-Esprit. Le passage du livre des Actes nous donne un aperçu de la vie de cette personne spéciale qui reçut l'onction. La première étape vers la progression de l'onction de Corneille était le fait qu'il donnait au Seigneur.

Celui qui a pitié du pauvre prête à l'Éternel, qui lui rendra selon son oeuvre.

Proverbes 19 : 17

Avoir pitié du pauvre était l'occasion pour Corneille de donner quelque chose à Dieu.

Tes prières et tes aumônes sont montées comme un mémorial devant Dieu.

Actes 10 : 4
(Bible KJF)

Ces prières et ces dons aux pauvres retinrent l'attention du Seigneur. Mon propos n'est pas d'énoncer une théorie selon laquelle donner des offrandes retient l'attention de Dieu.

L'ange informa Corneille que c'étaient ses aumônes et ses prières qui avaient attiré l'attention de Dieu. Cher ami, vous pourrez recevoir l'onction que vous recherchez et l'aide que vous attendez lorsque vous apprendrez ce grand acte d'adoration.

Étape 2 : Donner des offrandes aux pauvres

Un homme pieux, et craignant Dieu avec toute sa maison, qui faisait beaucoup d'aumônes au peuple, et priait Dieu continuellement.

Actes 10 : 2
(Bible KJF)

Donner aux pauvres est une forme de don spéciale qui est précieuse aux yeux du Seigneur. Vous découvrirez que les personnes les plus ointes ont un ministère très solide envers les pauvres.

Faire le ministère aux pauvres ne fait pas disparaître la pauvreté de la terre. En général, donner de l'argent aux pauvres ne résout pas les problèmes des pauvres. La question n'est pas là. Dieu aime les pauvres et Il oint les personnes qui les aiment.

Cinq avantages surnaturels liés au ministère fait aux pauvres

David, le psalmiste oint, savait que les gens qui se souviennent des pauvres attireraient la puissance de Dieu. David prophétisa que ceux qui aidaient les pauvres seraient : 1) délivrés et 2) gardés. Il déclara qu'on leur 3) conserverait la vie, qu'ils seraient 4) heureux et 5) soutenus, parce qu'ils se souvenaient des pauvres.

HEUREUX celui qui s'intéresse au pauvre ! Au jour du malheur l'ÉTERNEL le délivre; L'ÉTERNEL le garde et lui CONSERVE LA VIE. Il est HEUREUX sur la terre, et tu ne le livres pas au bon plaisir de ses ennemis. L'ÉTERNEL le SOUTIENT sur son lit de douleur ; tu le soulages dans toutes ses maladies.

Psaume 41 : 1-3

Qui n'aimerait pas avoir de telles bénédictions dans son ministère ? Il n'est pas étonnant que Corneille reçut l'une des plus précieuses effusions du Saint-Esprit mentionnées dans la Bible.

Étape 3 : Priez

...et priait Dieu continuellement...Tes prières et tes aumônes sont montées devant Dieu, et il s'en est souvenu.

Actes 10 : 2,4

L'étape suivante qui mena à l'onction de Corneille fut la prière. Les Écritures nous disent que les prières de Corneille attirèrent l'attention de Dieu. La prière a toujours été une clé permettant de recevoir l'onction. Personne n'entre dans la présence de Dieu sans prier.

L'un des seuls sujets de prière que Jésus nous ait enseigné consiste à prier pour recevoir le Saint-Esprit.

Si donc, méchants comme vous l'êtes, vous savez donner de bonnes choses à vos enfants, à combien plus forte raison le Père céleste donnera-t-il le Saint Esprit à ceux qui le lui demandent.

Luc 11 : 13

Si vous désirez être oint, priez spécifiquement pour la venue de l'onction. Demandez à Dieu de vous donner le Saint-Esprit. Demandez à Dieu de bénir votre ministère par Sa présence et Sa puissance.

Continuez à faire la même prière pendant des années, et vos prières et vos aumônes monteront devant Dieu et attireront Son attention. Il vous enverra un ange pour vous guider et vous conduire au lieu de l'onction.

Étape 4 : Obéissez aux visions

Quand l'ange qui parlait à Corneille fut parti, celui-ci appela deux de ses serviteurs et un soldat pieux de ceux qui le servaient constamment ;

Et après leur avoir raconté toutes ces choses, il les envoya à Joppa (Jaffa).

Actes 10 : 7-8

L'étape suivante qui mène à l'onction consiste à obéir aux visions et aux rêves. La plupart d'entre nous avons des rêves et des visions auxquels nous n'obéissons pas. Si nous obéissions aux visions et aux rêves que Dieu nous donne, nous expérimenterions l'onction. Je sais que vos rêves semblent vagues et flous. Vous vous dites que les visions et les rêves des hommes de Dieu de renommée mondiale devaient sûrement être plus clairs. Je vous assure que nous avons tous des rêves et des visions vagues et flous du Seigneur. C'est la volonté d'obéir à ces visions qui nous mènera vers l'onction.

Je ne peux que remercier Dieu pour les rêves et les visions qu'Il m'a donnés, quelque vagues qu'ils soient. Je ne serais pas en train d'écrire ce livre si je n'avais pas obéi à mes visions et à mes rêves. Vous deviendrez oint à mesure que vous obéirez aux visions et aux rêves que Dieu vous donne.

Chaque vision et chaque rêve vous permettront de franchir une étape de plus du voyage vers l'onction. Corneille obéit à la vision et rencontra l'apôtre Pierre. Pierre obéit également à une vision et rencontra Corneille. Cela ouvrit une porte pour que Pierre puisse prêcher à Corneille. Pendant que Pierre prêchait, Corneille et toute sa maison reçurent l'onction. Comme vous pouvez le constater, une chose en amène une autre jusqu'à ce que vous vous teniez dans la rivière de l'onction.Suivez vos rêves ! Suivez vos visions ! Ce sont des instruments que Dieu utilise pour vous encourager sur le chemin de l'onction.

Étape 5 : Rompez avec les traditions s'il le faut

Pour être oint, il fallut rompre avec les traditions. Pierre n'avait pas l'habitude de se mélanger aux païens. Toutefois, pour que l'onction du Saint-Esprit puisse descendre, Pierre dut changer son style de vie.

> **Et une voix vint à lui : Lève-toi, Pierre, tue, et mange. Mais Pierre dit : Non pas, Seigneur ; car je n'ai jamais mangé aucune chose impure ou souillée.**

La voix lui dit encore pour la seconde fois : Ce que Dieu a purifié, ne l'appelle pas souillé.

Actes 10 : 13-15
(Bible KJF)

Dieu a de nouvelles choses en réserve pour votre vie. Les gens qui ne peuvent pas être guidés vers de nouvelles choses ne reçoivent pas souvent l'onction.

Les personnes ointes entrent souvent dans des eaux inconnues. Vous voulez que Dieu vous utilise ? Vous devrez peut-être faire de nouvelles choses que vous n'avez jamais faites auparavant. Vous devrez peut-être aller à des endroits où vous n'êtes jamais allé.

Étape 6 : Obéissez à l'homme de Dieu

Envoie donc à Joppa (Jaffa), et fais venir Simon, surnommé Pierre ; il est logé dans la maison d'un [certain] Simon, tanneur, au bord de la mer ; QUAND IL SERA VENU, IL TE PARLERA.

Actes 10 : 32
(Bible KJF)

Et il ordonna…

Actes 10 : 48

L'étape suivante qui permit à Corneille de recevoir l'onction fut l'obéissance aux instructions de l'homme de Dieu. Tout comme des rêves et des visions, les ordres d'un homme de Dieu vous encouragent doucement à aller encore plus loin sur le chemin de l'onction. Un jour, vous agirez sous l'effet d'une puissance onction, et les gens vous écouteront et suivront vos instructions.

Toutefois, si vous ne suivez pas les instructions de l'homme de Dieu, vous ne faites que semer des semences de rébellion pour votre avenir.

Étape 7 : Écoutez la Parole de Dieu

Comme Pierre prononçait encore ces mots, le Saint-Esprit descendit sur tous ceux qui écoutaient la parole.

Actes 10 : 44

Corneille et toute sa maison étaient en train d'écouter la prédication de la Parole de Dieu lorsque le Saint-Esprit descendit sur eux.

Ézéchiel déclara que l'esprit entra en lui lorsque le Seigneur lui parla.

Dès qu'il m'eut adressé ces mots, l'esprit entra en moi et me fit tenir sur mes pieds ; et j'entendis celui qui me parlait.

Ézéchiel 2 : 2

Quiconque s'expose à la prédication de la Parole de Dieu deviendra oint. La Parole de Dieu, c'est Dieu ! Dieu est Sa Parole et Sa Parole est Lui.

Au commencement était la Parole, et la Parole était avec Dieu, et la Parole était Dieu.

Jean 1 : 1

On ne pria pas pour les personnes qui vivaient dans la maison de Corneille. Personne ne leur imposa les mains ! Personne ne les toucha ! Personne ne leur souffla dessus ! Personne ne leur fit une onction d'huile ! Personne ne reçut de linge de prière oint ! Ils étaient simplement en train d'écouter la prédication ointe de l'Apôtre Pierre. C'est l'une des plus grandes étapes qui mène à l'onction, et c'est cette étape que j'ai moi-même expérimentée en 1988, dans une ville appelée Suhum au Ghana.

Dieu me oignit puissamment alors que j'étais entrain d'écouter une prédication de Kenneth Hagin. Depuis, je marche dans l'onction et je jouis de la puissance de Dieu, et c'est pourquoi vous êtes en train de lire ce livre.

Chapitre 7

Comment persévérer jusqu'à ce que l'onction soit utilisée

Alors le royaume des cieux sera semblable à dix vierges qui, ayant pris leurs lampes, allèrent à la rencontre de l'époux. Cinq d'entre elles étaient folles, et cinq sages. Les folles, en prenant leurs lampes, ne prirent point d'huile avec elles ; mais les sages prirent, avec leurs lampes, de l'huile dans des vases.

Matthieu 25 : 1-4

Utiliserez-vous le don que Dieu a placé en vous ? Comme il est triste de voir que beaucoup de talents ne sont jamais utilisés. Dans la célèbre parabole des dix vierges, seules cinq vierges utilisèrent l'huile pour les noces. Les cinq autres finirent par retourner chez elles frustrées et insatisfaites.

Beaucoup commencent bien, mais ne sont pas capables d'arriver au lieu où l'onction peut être utilisée dans la pratique.

Je me souviens avoir senti l'appel de Dieu il y a plusieurs années. J'étais étudiant et il m'arrivait de rêver que je prêchais et j'enseignais. C'était un appel de Dieu qui était en train d'être stimulé par le Saint-Esprit. Un jour, alors que j'étais en train de prêcher, je me rendis compte que j'avais répondu à un appel de longue date.

Beaucoup de personnes sont appelées dans leur jeunesse, mais ratent le chemin qui mène vers une utilisation de l'onction dans la pratique parce qu'elles ne suivent pas les étapes nécessaires. Dans le présent chapitre, nous verrons comment cinq vierges sur dix persévérèrent dans leur appel jusqu'à ce qu'elles purent utiliser leur don.

Étape 1 : La virginité

Alors le royaume des cieux sera semblable à dix vierges…

Matthieu 25 : 1

Dans cette histoire, seules des vierges portaient l'onction. La virginité est un signe de pureté. Heureux ceux qui ont le cœur pur, car ils verront Dieu. Ce sont ceux qui ont le cœur pur qui parviennent à voir l'onction et la puissance du Saint-Esprit.

La virginité est un signe de pureté qui n'est pas facile à voir. Le type de pureté nécessaire pour recevoir l'onction est souvent difficile à voir. Seul Dieu voit le cœur et juge en conséquence. C'est pourquoi les gens sont souvent surpris de voir qui Dieu utilise. Ils s'attendent à ce que Dieu utilise quelqu'un d'autre, mais Dieu regarde au cœur. Vivez votre chrétienté devant Dieu de manière à ce qu'Il soit impressionné. Si vous Lui êtes agréable, vous recevrez l'onction.

Étape 2 : Le phronimos

Cinq d'entre elles étaient…sages (phronimos)…

Matthieu 25 : 2

Les vierges qui se servirent de l'onction furent décrites comme des vierges sages. Le mot « sage » vient du mot grec « phronimos », lequel signifie être avisé ou sage dans la pratique. Ce genre de sagesse diffère de la sagesse qui vous rend intelligent ou astucieux. Ce mot évoque le fait d'être avisé, d'avoir la tête sur les épaules, d'être raisonnable et pragmatique.

Beaucoup de personnes ointes ne sont ni avisées ni pragmatiques. En raison de ce manque de sagesse, beaucoup d'hommes et de femmes oints n'arrivent pas à persévérer dans le ministère. Parfois, le fait que vous soyez avisé ou pragmatique donne l'impression que vous n'êtes pas spirituel. Cela donne aussi l'impression que vous avez dévié des choses spirituelles.

Pourtant, c'est la sagesse pratique qui permet aux ministres de rester longtemps dans le ministère.

La détente et le repos semblent souvent être des activités non spirituelles. Prendre vos médicaments tous les jours pourrait ne pas paraître puissant ni oint, mais est sensé. Jouer au golf peut sembler être une déviation par rapport aux activités spirituelles. Pourtant, c'est cette clé que les cinq vierges avaient qui leur permit d'assister aux noces et de se servir de l'onction. La sagesse est l'ingrédient clé qui permet d'arriver à l'endroit où on peut utiliser l'onction.

Quelqu'un eut une vision dans laquelle trois anges, Foi, Espérance et Amour combattaient aux côtés des saints. Foi, Espérance, Amour et les saints de Dieu étaient en train de perdre la bataille. Soudain, un quatrième ange apparut, qui s'appelait Sagesse. Aussitôt que l'ange Sagesse apparut, ils commencèrent à gagner la bataille.

Cette vision montre l'importance de la sagesse dans notre lutte pour servir Dieu. L'absence de sagesse dans vos activités peut fortement retarder votre ministère. Les problèmes financiers, les problèmes de santé, les problèmes administratifs et les problèmes de gestion entraveront toujours l'onction qui repose sur votre vie. En fin de compte, vous ne pourrez pas vivre assez longtemps pour mettre en pratique tout ce que vous savez et utiliser l'onction.

Un jour j'ai parlé à un jeune pasteur qui avait démarré une nouvelle église indépendante. Je sentis la présence de Dieu et l'onction sur sa vie. Je sentis aussi qu'il était à un tournant décisif qui allait soit lui permettre de réussir, soit le détruire. Il allait soit s'en sortir, soit sombrer.

La clé qui allait lui permettre de survivre et de persévérer afin que la présence et l'onction qui étaient en lui puissent être pleinement utilisées était la sagesse. Ô combien je prie pour la sagesse ! Avec la sagesse, vous pouvez survivre et être présent plus longtemps. Seule la clé de la sagesse vous permettra de réaliser ce que Dieu a préparé pour vous.

Étape 3 : Connaître le Seigneur

Mais il répondit : Je vous le dis en vérité, je ne vous connais pas.

Matthieu 25 : 12

C'est une étape très importante sur le chemin de l'utilisation de l'onction. Si vous ne connaissez pas Dieu, vous ne pouvez pas survivre. Dieu n'est ni un ensemble de principes ni un livre de lois. Il est Jéhovah et vous ne pouvez pas aller au Ciel si vous ne Le connaissez pas. Vous ne pouvez pas servir Dieu avec un livre de « recettes ». Vous ne pouvez pas aller vivre dans la maison d'une personne si cette personne ne vous connaît pas. Pourquoi espérez-vous vivre éternellement dans la maison de Dieu alors qu'Il ne vous connaît pas et n'a pas de relation avec vous ?

Passez du temps à rechercher le Seigneur. Avoir un temps de culte personnel quotidien, passer quotidiennement du temps avec le Père changeront votre vie plus que dix mille services religieux auxquels vous assisterez.

Étape 4 : Faire un pas supplémentaire

…mais les sages prirent, avec leurs lampes, de l'huile dans des vases.

Matthieu 25 : 4

L'étape qui consiste à faire un pas supplémentaire est une importante clé qui permet de répondre à l'appel de Dieu. Malheureusement, les Chrétiens ne savent pas que le diable fait des choses supplémentaires pour les maintenir hors de l'appel de Dieu. Le diable fait des heures supplémentaires pour séduire même les élus. Je me suis rendu compte que les chrétiens qui ne font pas d'effort supplémentaire pour communier, s'imprégner de la Parole, prier et jeûner par exemple, n'arrivent pas à grand-chose dans le ministère.

Cinq vierges étaient prêtes à fournir un effort supplémentaire et à trouver de l'argent supplémentaire pour faire un pas supplémentaire. Elles prirent une double assurance pour être sûres d'assister aux noces. Les cinq autres supposèrent qu'elles allaient de toutes façons entrer. Elles prirent le ministère pour acquis et supposèrent qu'il serait toujours là pour elles. Comme nous pouvons avoir tort !

Il résulta de cette tragique supposition qu'elles furent exclues de la glorieuse occasion de participer aux noces. Puissiez-vous ne jamais être exclu d'une transmission spirituelle parce que vous ne payez pas le prix supplémentaire nécessaire pour le ministère !

Étape 5 : S'attarder

Comme l'époux tardait, toutes s'assoupirent et s'endormirent.

Matthieu 25 : 25

Deux types d'attardement sont nécessaires pour que l'onction devienne effective.

Le premier type d'attardement implique que l'on attende pendant des années jusqu'à ce que le moment d'être fructueux dans le ministère arrive. Lorsque l'époux tarda, toutes les vierges s'endormirent. Il n'y a aucun mal à s'endormir. L'important est de toujours être présent lorsque le bon moment arrive. Les cinq vierges folles ne savaient pas qu'elles allaient devoir attendre longtemps pour pouvoir utiliser leur don.

Cher ami chrétien, si vous n'êtes pas prêt à attendre pendant plusieurs années le bon moment, le bon endroit et les bonnes personnes, vous n'arriverez probablement pas à grand-chose. C'est seulement après plusieurs années qu'on atteint un certain niveau de ministère. C'est pourquoi il est important de commencer le ministère tôt, afin de pouvoir être en vie lorsque ce jour arrivera.

Le deuxième type d'attardement implique que l'on prie et s'attende au Seigneur pendant des heures. Si vous ne vous attardez pas, vous n'allez tout simplement pas expérimenter la puissance et l'onction de Dieu. L'attardement occupe une place essentielle sur le chemin de l'utilisation de l'onction dans la pratique !

Étape 6 : Ne pas participer aux péchés d'autres hommes

Les folles dirent aux sages : Donnez-nous de votre huile, car nos lampes s'éteignent. Les sages répondirent : Non ; il n'y en aurait pas assez pour nous et pour vous ; allez plutôt chez ceux qui en vendent, et achetez-en pour vous.

Matthieu 25 : 8-9

Il est également important de ne pas participer aux péchés des autres. Beaucoup de personnes qui sont appelées finiront par ne pas répondre à l'appel. À cause de la paresse, du péché et de beaucoup d'autres excuses, elles ne feront pas ce qu'elles doivent faire. De telles personnes peuvent facilement vous entraîner et vous tirer vers le bas avec elles.

Les cinq vierges sages réalisèrent qu'elles étaient sur le point d'être mêlées à un problème qu'elles n'avaient pas. Elles étaient sur le point de s'associer à un groupe auquel elles n'appartenaient pas. Elles seraient elles aussi très vite disqualifiées si elles écoutaient ces personnes.

En apparence, on leur demandait seulement de faire preuve de « gentillesse » et de « partager » ce qu'elles avaient. Mais en réalité, il s'agissait d'une tentation d'abandonner le ministère.

Elles dirent : « Non ; il n'y en aurait pas assez pour nous et pour vous ».

N'abandonnez votre ministère pour personne. Ni votre père ni votre mère ni votre mari ni votre épouse ne doivent pouvoir vous éloigner de l'objectif de Dieu. Les enfants ne sont pas une excuse pour vous éloigner de votre appel. Ne vous joignez pas aux personnes qui ont sacrifié leur appel pour leur famille, leurs finances ou leur confort.

Vous êtes différent ! Vous avez fait le pas supplémentaire. Vous devez entrer et accomplir votre ministère pour la gloire de Dieu.

Étape 7 : Être toujours prêt

Au milieu de la nuit, on cria : Voici l'époux, allez à sa rencontre ! Alors toutes ces vierges se réveillèrent, et préparèrent leurs lampes.

Matthieu 25 : 6-7

Dieu peut vous demander votre vie à n'importe quel moment. Dieu peut aussi vous envoyer à n'importe quel moment. L'époux décida de célébrer ses noces à minuit. Cela peut paraître inhabituel, mais c'est ce qu'il décida de faire.

Vous ne pouvez pas dire à Dieu de vous appeler lorsque vous serez prêt. Vous ne pouvez pas donner à Dieu un moment pour vous appeler et vous contrôler. Malheureusement, c'est ce que beaucoup d'entre nous font. Vous les entendez dire : « Attendez que j'ai reçu mon diplôme ». « Attendez que je me sois marié ! ».

Lorsque vous leur demandez de faire le travail de ministère, ils disent : « Attendez que j'obtienne ma nouvelle nationalité. »

« Attendez que mes enfants terminent leur trimestre à l'école, ensuite, en tant que famille, nous serons disponibles. »

« Attendez que j'aie fini de payer ma maison. Ensuite, je présenterai ma candidature pour le ministère à plein temps. »

« Attendez que j'achète une nouvelle voiture. »

« Attendez que j'aie obtenu ma promotion, ensuite je pourrai servir Dieu. »

C'est l'une des raisons pour lesquelles beaucoup de personnes n'utilisent jamais leurs puissants appels et dons. Ils ne sont tout simplement pas prêts au moment où Dieu les appelle. Elles souhaitent que Dieu les appelle à un moment plus commode où elles ont terminé différentes choses dans lesquelles elles sont impliquées.

Toutefois, l'époux appelle à minuit ! L'époux arrive plus tard que prévu et il n'y a simplement rien que vous puissiez y faire.

Il est temps de répondre immédiatement ! Si vous entendez Sa voix, n'endurcissez pas votre cœur ! Ne lui manquez pas de respect avec vos piètres excuses familiales !

Toutes ces excuses ne servent qu'à vous faire rater l'occasion d'utiliser l'huile. Souvenez-vous que le diable fait des efforts supplémentaires pour que vous ne puissiez jamais vous servir de ce précieux don !

Veillez donc, puisque vous ne savez ni le jour, ni l'heure.

Matthieu 25 : 13

Chapitre 8

Sept étapes menant à l'onction dans la chambre haute

Mais vous recevrez une puissance, le Saint Esprit survenant sur vous, et vous serez mes témoins à Jérusalem, dans toute la Judée, dans la Samarie, et jusqu'aux extrémités de la terre.

Actes 1 : 8

Et ils furent tous remplis du Saint-Esprit, et se mirent à parler en d'autres langues, selon que l'Esprit leur donnait de s'exprimer.

Actes 2 : 4

C'est ici que se trouve la célèbre promesse de notre Seigneur Jésus-Christ de nous envoyer la puissance et l'onction du Saint-Esprit ! Ce chapitre nous enseigne comment passer de la promesse d'Actes 1 : 8 à son accomplissement dans Actes 2 : 4, et comment passer de l'espoir de recevoir l'onction à une expérimentation réelle de la puissance du Saint-Esprit.

Étape 1 : Suivez fidèlement le Seigneur pendant plusieurs années

Chacune des personnes qui reçurent l'onction dans la chambre haute avait fidèlement suivi le Seigneur pendant sept ans. Au moment de choisir un remplaçant pour Judas Iscariot, les apôtres précisèrent que cette personne devait les avoir accompagnés pendant longtemps.

Il faut donc que, parmi ceux qui nous ont accompagnés tout le temps que le Seigneur Jésus a vécu avec nous, depuis le baptême de Jean jusqu'au jour où il a été enlevé du milieu de nous, il y en ait un qui nous

soit associé comme témoin de sa résurrection. Ils en présentèrent deux...

Actes 1 : 21-23

La condition à remplir pour devenir apôtre était d'avoir été présent pendant au moins trois ans. Ne vous attendez pas à recevoir les plus importants trésors du royaume de Dieu après avoir servi le Seigneur pendant quelques minutes.

Étape 2 : Soyez disponible afin d'expérimenter tout ce que Dieu a pour vous

Les personnes qui reçurent l'onction étaient en fait celles qui avaient vu le Seigneur ressuscité. Pendant quarante jours, certaines personnes vécurent l'extraordinaire expérience de rencontrer le Seigneur ressuscité.

Assurément, le fait d'avoir vu Christ ressuscité allait avoir une incidence sur leur vie spirituelle.

Après qu'il eut souffert, il leur apparut vivant, et leur en donna plusieurs preuves, se montrant à eux pendant quarante jours, et parlant des choses qui concernent le royaume de Dieu.

Actes 1 : 3

Ceux qui manquèrent cette expérience allaient de toute évidence être différents. Aucune expérience n'est comparable au fait de rencontrer une personne ressuscitée. N'importe qui serait profondément marqué par une telle expérience.

Les différentes expériences que Dieu vous permet de vivre vous préparent toutes à recevoir l'onction ! Les personnes que vous rencontrez et connaissez peuvent changer votre vie à jamais. Les choses que vous entendez et expérimentez ne sont pas le fait du hasard. Elles font partie des préparatifs pour le jour où la puissance de l'Esprit descendra sur vous.

Les églises que j'ai fréquentées, les pasteurs que j'ai connus et les gens que j'ai rencontrés, tout cela a été divinement arrangé pour me préparer pour mon ministère. J'en suis fortement convaincu. Pour le croyant, il n'y a aucun hasard ni aucune coïncidence. Dieu régit les affaires de tous les hommes.

Ne rechignez pas à faire quelque travail que ce soit dans le ministère. Ne ratez pas l'opportunité d'être proche de la puissance de Dieu.

Étape 3 : Décidez de ne pas suivre la politique

Malheureusement, beaucoup de personnes sont distraites par la politique et le pouvoir terrestre. Les disciples tombèrent dans ce piège qui est courant dans le ministère. Après la résurrection du Seigneur, ils crurent que cette grande puissance allait maintenant être orientée vers la réalisation d'objectifs terrestres. Les disciples étaient prêts à lutter pour la libération politique d'Israël de la domination romaine.

> **Alors les apôtres réunis lui demandèrent : Seigneur, est-ce en ce temps que tu rétabliras le royaume d'Israël ? Il leur répondit : Ce n'est pas à vous de connaître les temps ou les moments que le Père a fixés de sa propre autorité.**
>
> **Actes 1 : 6-7**

Étant donné que je suis dans le ministère depuis quelques années, je peux voir combien il est facile de se laisser détourner du véritable ministère du Saint-Esprit et de se laisser entraîner dans un évangile humaniste.

Étape 4 : Faites humblement partie du groupe dans lequel Dieu vous a appelé

Faire partie de votre communauté est l'une des plus grandes étapes qui vous mènera à l'onction. Dieu nous a appelés à être des brebis qui font partie d'un troupeau. Il faut de l'humilité pour rester dans un groupe auquel on appartient. Lorsque vous devenez ministre, vous restez une brebis et vous appartenez à quelque chose.

Comme il se trouvait avec eux, il leur recommanda de ne pas s'éloigner de Jérusalem...

Actes 1 : 4

Continuer à vous réunir avec le groupe que Dieu vous a donné finira par vous mener à l'onction. N'abandonnez pas votre communauté. Ne désertez pas vos frères et vos amis.

À travers votre participation à ce groupe, vous serez oint. Je peux citer plusieurs niveaux d'onction que j'ai expérimentés parce que je faisais partie d'une communauté. La puissance de Dieu descendra sur vous par l'entremise du groupe dans lequel Il vous a placé.

Étape 5 : Suivez la sagesse et les orientations du Seigneur

...il leur recommanda de ne pas s'éloigner de Jérusalem...

Actes 1 : 4

Le ministère appartient au Seigneur. C'est Son église. Il a dit : « Je bâtirai mon église. » Pour devenir oint, vous devez suivre les directives de Jésus. Si les disciples n'avaient pas attendu à Jérusalem, ils n'auraient pas reçu l'onction. Seuls ceux qui étaient à Jérusalem le jour de la Pentecôte reçurent le Saint-Esprit.

Si vous apprenez à suivre les orientations du Saint-Esprit, vous deviendrez oint ! Une chose en amène un autre. Souvent, nous ne connaissons pas les implications considérables des ordres du Seigneur.

Étape 6 : Attendez-vous à Dieu

...mais d'attendre ce que le Père avait promis, ce que je vous ai annoncé, leur dit-il...

Actes 1 : 4

S'attendre à Dieu est une importante étape pour devenir oint ! En vous attendant au Seigneur, vous deviendrez oint. La prophétie d'Ésaïe contient une ancienne promesse juive sur la puissance liée au fait de s'attendre au Seigneur.

> **Mais ceux qui se confient en l'ÉTERNEL renouvellent leur force. Ils prennent le vol comme les aigles ; ils courent, et ne se lassent point, ils marchent, et ne se fatiguent point.**
>
> **Ésaïe 40 : 31**

Nous avons dans ce verset la promesse que nos forces seront renouvelées et que nous prendrons notre envol dans le ministère. Nous avons également la promesse que nous courrons et marcherons dans le ministère sans nous fatiguer. Les hommes de Dieu ne se fatiguent pas à cause de l'onction.

Malheureusement, peu de chrétiens ont le temps de s'attendre au Seigneur. Ils suppriment donc de leur vie l'une des plus puissantes clés qui permet de devenir oint.

Étape 7 : Amour et unité

> **Le jour de la Pentecôte, ils étaient tous ensemble dans le même lieu.**
>
> **Actes 2 : 1**

Si vous voulez expérimenter l'onction, vous devrez vous éloigner des conflits, de la confusion et de l'amertume. Votre équipe ministérielle devra avoir une seule pensée et un seul cœur. Dieu ne oint pas une foule qui se querelle et dans laquelle règnent la compétition et la politique.

Vous remarquerez que les apôtres durent attendre d'être tous dans le même lieu et unanimes pour que l'onction descende sur eux. Vous ne trouverez pas l'onction dans une équipe remplie d'amertume et de haine. Vous trouverez toujours l'onction là où il y a l'unité.

a. Salomon expérimenta la gloire et l'onction dans son nouveau temple lorsque tous les musiciens et les chantres furent unis et s'unirent d'un même accord.

...et lorsque ceux qui sonnaient des trompettes et ceux qui chantaient, s'unissant d'un même accord pour célébrer et pour louer l'ÉTERNEL, firent retentir les trompettes, les cymbales et les autres instruments, et célébrèrent l'ÉTERNEL par ces paroles : Car il est bon, car sa miséricorde dure à toujours ! En ce moment, la maison, la maison de l'ÉTERNEL fut remplie d'une nuée. 1Les sacrificateurs ne purent pas y rester pour faire le service, à cause de la nuée ; car la gloire de l'ÉTERNEL remplissait la maison de Dieu.

2 Chroniques 5 : 13-14

b. Le roi David, le psalmiste oint, chanta au sujet de la beauté de l'unité et de la manière dont elle attire l'onction.

Voici, oh ! qu'il est agréable, qu'il est doux pour des frères de demeurer ensemble ! C'est comme l'huile précieuse qui, répandue sur la tête...

Psaume 133 : 1-2

c. L'apôtre Paul avertit que toute union et toute onction de l'Esprit s'expérimenterait par l'entremise de l'unité.

Si donc il y a quelque consolation en Christ, s'il y a quelque soulagement dans la charité, s'il y a quelque union d'esprit, s'il y a quelque compassion et quelque miséricorde, rendez ma joie parfaite, ayant un même sentiment, un même amour, une même âme, une même pensée. Ne faites rien par esprit de parti ou par vaine gloire, mais que l'humilité vous fasse regarder les autres comme étant au dessus de vous mêmes.

Philippiens 2 : 1-3

Chapitre 9

Sept étapes menant à l'onction avec les vôtres

Après avoir été relâchés, ils allèrent vers les leurs, et racontèrent tout ce que les principaux sacrificateurs et les anciens leur avaient dit.

Lorsqu'ils l'eurent entendu, ils élevèrent à Dieu la voix tous ensemble, et dirent : Seigneur, toi qui as fait le ciel, la terre, la mer, et tout ce qui s'y trouve, c'est toi qui as dit par le Saint-Esprit, par la bouche de notre père, ton serviteur David : Pourquoi ce tumulte parmi les nations, et ces vaines pensées parmi les peuples ?

Les rois de la terre se sont soulevés, et les princes se sont ligués contre le Seigneur et contre son Oint. En effet, contre ton saint serviteur Jésus, que tu as oint, Hérode et Ponce Pilate se sont ligués dans cette ville avec les nations et avec les peuples d'Israël, pour faire tout ce que ta main et ton conseil avaient arrêté d'avance.

Et maintenant, Seigneur, vois leurs menaces, et donne à tes serviteurs d'annoncer ta parole avec une pleine assurance, en étendant ta main, pour qu'il se fasse des guérisons, des miracles et des prodiges, par le nom de ton saint serviteur Jésus.

Quand ils eurent prié, le lieu où ils étaient assemblés trembla ; ils furent tous remplis du Saint Esprit, et ils annonçaient la parole de Dieu avec assurance

Actes 4 : 23-31

Étape 1 : Sachez et croyez que vous pouvez être oint continuellement

Le passage qui précède montre clairement que Pierre, Jean et beaucoup d'autres disciples étaient présents pendant deux des effusions du Saint-Esprit mentionnées dans le livre des

Actes. Cela signifie qu'ils reçurent le Saint-Esprit deux fois. Ils furent remplis deux fois. Ils furent oints deux fois. Ils reçurent le Saint-Esprit à plusieurs reprises. La première onction du Saint-Esprit fut enregistrée dans Actes 2, et la deuxième, dans Actes 4.

Et ils furent tous remplis du Saint-Esprit, et se mirent à parler en d'autres langues, selon que l'Esprit leur donnait de s'exprimer.

Actes 2 : 4

Quand ils eurent prié, le lieu où ils étaient assemblés trembla ; ils furent tous remplis du Saint-Esprit, et ils annonçaient la parole de Dieu avec assurance.

Actes 4 : 31

Il est important de croire que vous pouvez être oint plusieurs fois. Récemment, le Seigneur m'a fait comprendre qu'il y a beaucoup de dons et d'onctions disponibles pour Ses serviteurs.

Les gens ont en quelque sorte le sentiment qu'il n'y a que cinq dons principaux dans le ministère, lesquels opèrent avec neuf autres dons subsidiaires. De même, les gens ont l'impression qu'il existe un baptême du Saint-Esprit, après lequel nous en avons fini avec le Saint-Esprit.

Ces deux manières de penser sont erronées et nous empêchent de recevoir plus d'onctions et de dons du Saint-Esprit. Vous pouvez être oint plusieurs fois et vous devez vous attendre à recevoir beaucoup de dons. À différents moments et saisons de votre vie, Dieu vous donnera les onctions dont vous avez besoin.

Il n'y a pas qu'une seule onction. Il y a plusieurs mesures d'onction que vous recevrez avant que tout soit terminé. Jésus est le seul qui avait l'onction sans mesure.

Étape 2 : Acceptez la persécution parce qu'elle fait ressortir l'onction

...c'est toi qui as dit...par la bouche de...ton serviteur David : Pourquoi ce tumulte parmi les nations, et ces

vaines pensées parmi les peuples ? Les rois de la terre se sont soulevés, et les princes se sont ligués contre le Seigneur et contre son Oint.

Actes 4 : 25-26

Les disciples expérimentèrent la persécution. **La persécution vous rend amer ou meilleur.** Elle fait ressortir le meilleur ou le pire de vous. Sur les mille personnes qui expérimentèrent le désert, seuls Josué et Caleb s'en sortirent avec une bonne attitude.

Jésus fut tenté dans le désert pendant quarante jours et nuits. Il en revint radieux et prêt à marcher dans la puissance du Saint-Esprit. Le Seigneur ne nous tente pas, mais nous teste. Les Écritures nous enseignent sans aucune ambiguïté que Dieu nous conduit à travers le désert afin de savoir quelles sont les dispositions de nos cœurs.

Souviens-toi de tout le chemin que l'Éternel, ton Dieu, t'a fait faire pendant ces quarante années dans le désert, afin de t'humilier et de t'éprouver, pour savoir quelles étaient les dispositions de ton coeur et si tu garderais ou non ses commandements.

Deutéronome 8 : 2

La persécution vous rendra amer ou meilleur. Laissez vos difficultés vous amener à faire confiance au Seigneur et à Sa puissance et Son onction.

Étape 3 : Obéissez à Dieu malgré les pressions des hommes

...car nous ne pouvons pas ne pas parler de ce que nous avons vu et entendu.

Actes 4 : 20

Devenez comme Pierre et Jean qui préféraient obéir à Dieu plutôt qu'aux hommes.

Pierre et Jean leur répondirent : Jugez s'il est juste, devant Dieu, de vous obéir plutôt qu'à Dieu ;

Actes 4 : 19

C'est une étape cruciale vers l'onction. Obéissez à Dieu malgré les pressions que les hommes exercent sur vous. Lorsque vous cesserez de céder aux pressions que les êtres humains exercent sur vous, vous découvrirez l'onction. Une grande partie du ministère implique que l'on aille dans une direction contraire à celle que les gens veulent suivre.

Étape 4 : Ne vous laissez pas émouvoir par les menaces, les accusations, et les autres formes d'intimidation

Ils leur firent de nouvelles menaces, et les relâchèrent...

Actes 4 : 21

Si les menaces et les accusations peuvent vous éloigner de votre appel, c'est que vous n'êtes pas digne de l'onction. Alors que vous servirez le Seigneur, vous ferez l'objet de menaces, d'accusations constantes et de beaucoup d'intimidation.

Être harcelé par des accusateurs fait partie de l'ensemble ! On s'interrogera continuellement sur vos motivations ! Il vous faut de la force pour continuer à marcher fermement vers votre objectif, malgré les insinuations, les soupçons et d'agaçantes accusations.

Étape 5 : Ayez des compagnons

Après avoir été relâchés, ils allèrent vers les leurs....
Actes 4 : 23

Après avoir été relâchés, ils allèrent vers les leurs. Il est important d'avoir des personnes qui croient en vous et peuvent vous accepter tel que vous êtes réellement. Les vôtres, c'est le petit groupe ou la petite communauté auxquels vous appartenez.

Ce sont vos frères et sœurs dans le Seigneur. Ce sont vos homologues dans le ministère. Ce sont vos amis avec lesquels vous vivrez et mourrez. Vous serez enterrés avec les vôtres et ressusciterez avec eux à la résurrection.

Sept avantages liés au fait d'avoir des compagnons

a. Les vôtres croiront en vous lorsque personne ne croira en vous.

b. Les vôtres vous aideront lorsque personne ne vous aidera.

c. Les vôtres accepteront vos faiblesses lorsque personne ne les acceptera.

d. Les vôtres vous aimeront tel que vous êtes.

e. Les vôtres vous souhaiteront la bienvenue lorsqu'aucun autre groupe ne sera heureux de vous voir.

f. Les vôtres vous couvriront lorsque vous tomberez entre leurs mains.

g. Les vôtres vous relèveront lorsque vous ferez une erreur.

Étape 6 : Priez spécifiquement pour la puissance, les miracles, les signes et les prodiges

Le groupe qui reçut l'onction pria avec ferveur pour les miracles, les signes et les prodiges. Ils prièrent spécifiquement pour les signes et les prodiges. Ils prièrent spécifiquement pour qu'il se fasse des signes et des prodiges aux mains des apôtres. Cela vous intéresserait peut-être de savoir que Dieu écoute les requêtes spécifiques que nous lui adressons. Ils prièrent pour des guérisons, ils prièrent pour des signes et des prodiges, et ils prièrent pour que Dieu étende sa main.

Lorsqu'ils l'eurent entendu, ils élevèrent à Dieu la voix tous ensemble, et dirent : Seigneur, toi qui as fait le ciel, la terre, la mer, et tout ce qui s'y trouve,…en étendant ta main, pour qu'il se fasse des guérisons, des miracles et des prodiges, par le nom de ton saint serviteur Jésus. Quand ils eurent prié, le lieu où ils étaient assemblés trembla…

Actes 4 : 24,30-31

Étape 7 : La prière unie

...ils élevèrent à Dieu la voix tous ensemble...
Actes 4 : 24

Nous sommes réellement bénis lorsque nous nous attendons à Dieu. Toutefois, lorsqu'on prie avec d'autres personnes qui ont la même pensée et le même cœur, cela génère beaucoup de puissance. Jésus avait deux types de temps de prière. Parfois, Il priait seul et parfois, Il priait avec Ses disciples.

Prier avec d'autres personnes

Lorsque vous priez avec vos frères et vos amis qui ont la même attitude à l'égard du ministère, vous accomplissez beaucoup de choses dans l'Esprit. C'est le type de prière que les prophètes et les enseignants pratiquèrent dans Actes 13. C'est cette prière de groupe qui permit au ministère apostolique de Paul et de Barnabas de voir le jour.

Il y avait dans l'Église d'Antioche des prophètes et des docteurs : Barnabas, Siméon appelé Niger, Lucius de Cyrène, Manahen, qui avait été élevé avec Hérode le tétrarque, et Saul. Pendant qu'ils servaient le Seigneur dans leur ministère et qu'ils jeûnaient, le Saint-Esprit dit : Mettez-moi à part Barnabas et Saul pour l'oeuvre à laquelle je les ai appelés. Alors, après avoir jeûné et prié, ils leur imposèrent les mains, et les laissèrent partir.

Actes 13 : 1-3

Prier seul

Vous pouvez également passer de longues heures seul avec Dieu. C'est ce qui se produisit lorsque Moïse alla tout seul à la montagne pour s'attendre au Seigneur.

L'Éternel dit à Moïse : Monte vers moi sur la montagne, et reste là ; je te donnerai des tables de pierre, la loi et les ordonnances que j'ai écrites pour leur instruction.

Exode 24 : 12

Chapitre 10

Sept étapes menant à l'onction sur la montagne sainte

Ô ÉTERNEL ! qui séjournera dans ta tente ? Qui demeurera sur ta montagne sainte ?

Celui qui marche dans l'intégrité, qui pratique la justice et qui dit la vérité selon son coeur.

Il ne calomnie point avec sa langue, il ne fait point de mal à son semblable, et il ne jette point l'opprobre sur son prochain.

Il regarde avec dédain celui qui est méprisable, mais il honore ceux qui craignent l'Éternel ; il ne se rétracte point, s'il fait un serment à son préjudice.

Il n'exige point d'intérêt de son argent, et il n'accepte point de don contre l'innocent. Celui qui se conduit ainsi ne chancelle jamais.

Psaume 15

Dans les psaumes, la demeure de Dieu est souvent appelée la « montagne sainte » .

David chantait souvent au sujet du fait d'aller à la montagne sainte, la demeure de Dieu. Le psalmiste oint avait des visions dans lesquelles il se voyait monter à la demeure de Dieu. Il rêvait d'« habiter dans la maison de l'Éternel éternellement ».

David savait également que ce n'était pas tout le monde qui pouvait se rendre dans ce lieu saint. Il savait que du secours et des réponses à ses prières lui viendraient de cette montagne sainte.

De ma voix je crie à l'ÉTERNEL, et il me répond de sa montagne sainte.

Psaume 3 : 4

Même dans le monde naturel, ce n'est pas tout le monde qui peut se rendre au palais d'un roi. Très peu de personnes ont souvent l'occasion de voir l'intérieur d'un palais royal dans leur vie. Il est courant de voir des milliers de touristes devant le palais de Buckingham en train d'admirer avec envie le bâtiment. Je l'ai moi-même fait. Je me demandais : « Où vit exactement la Reine ? »

Comment sont leurs chambres ? Que mangent-ils au palais ? Ont-ils des saucisses spéciales et du pain spécialement fabriqué pour eux ? Nous savons tous que ce serait un privilège de pouvoir ne serait-ce que jeter un coup d'œil dans ces pièces royales.

Qui pourra monter à la montagne de l'ÉTERNEL ? Qui s'élèvera jusqu'à son lieu saint ?

Psaume 24 : 3

Qui parmi nous aura le privilège de monter à la montagne sainte où demeure Dieu ? Lequel d'entre nous jouira de Sa présence et de Sa puissance dans nos vies ? Nous ne pouvons avoir cette grande puissance que si nous nous approchons de la demeure de Dieu. Voici seize étapes qui conduisent à la montagne sainte.

Étape 1 : Marchez dans l'intégrité

Pour approcher du lieu de l'onction, vous devez être une personne intègre et franche.

Celui qui marche dans l'intégrité...

Psaume 15 : 2

Étape 2 : Pratiquez la justice

La deuxième étape menant à l'onction consiste à pratiquer des œuvres de justice. Donnez-vous aux œuvres de Dieu et aux bonnes œuvres que Dieu a préparées pour vous.

... qui pratique la justice...

Psaume 15 : 2

Étape 3 : Dites la vérité selon votre cœur

...Et qui dit la vérité selon son coeur.

Psaume 15 : 2

La troisième étape consiste à dire la vérité. Dire la vérité selon son coeur, c'est être honnête envers soi-même et se dire la vérité à soi-même.

Étape 4 : Ne calomniez pas avec votre langue

Cette étape menant à l'onction consiste à éviter que notre langue ne dise du mal. La vie et la mort sont au pouvoir de la langue. Vous pouvez faire en sorte que votre langue vous conduise à un lieu d'onction ou laisser votre langue détruire votre ministère.

Il ne calomnie point avec sa langue...

Psaume 15 : 3

Étape 5 : Ne faites pas de mal à votre semblable

L'étape menant à l'onction suivante consiste à être bon envers vos proches (vos prochains). Faire du mal aux personnes qui sont proches de vous est un dangereux signe.

... Il ne fait point de mal à son semblable...

Psaume 15 : 3

Faites attention et assurez-vous de ne pas faire de mal à votre prochain : votre mari, votre femme, vos frères et vos sœurs.

Étape 6 : N'accusez pas votre prochain

Une personne ointe n'accuse pas les autres. Entraînez-vous à intercéder et à regarder les autres avec des yeux d'amour et de compréhension.

Et il ne jette point l'opprobre sur son prochain.

Psaume 15 : 3

Étape 7 : N'admirez pas ceux qui font le mal

N'admirez pas les rebelles et ceux qui font le mal. Ce que vous admirez en dit long sur qui vous êtes.

Il regarde avec dédain celui qui est méprisable...
Psaume 15 : 4

Vous devez mépriser ce que Dieu méprise et aimer ce que Dieu aime.

Étape 8 : Honorez ceux qui craignent Dieu

La huitième étape menant à l'onction consiste à honorer les gens qui aiment Dieu. Cela signifie honorer et aimer toutes les personnes qui servent Dieu, même si elles ne font pas partie de votre dénomination. Vous devez même aimer les fidèles qui servent Dieu dans la petitesse et la simplicité.

Lorsque Dieu détecte que votre cœur est plus grand que votre petit groupe, c'est alors que vous êtes prêt pour l'onction.

Mais il honore ceux qui craignent l'Éternel...
Psaume 15 : 4

Il est temps de voir le bien dans les nombreux groupes différents de personnes qui aiment Dieu. Depuis que le Seigneur m'a révélé cela, je me suis retrouvé à admirer toutes sortes de personnes qu'autrefois je méprisais. Ce sont les personnes dépravées qu'il faut mépriser, pas celles qui craignent Dieu !

Étape 9 : Tenez vos promesses

Il ne se rétracte point, s'il fait un serment à son préjudice.
Psaume 15 : 4

Il est très important que vous teniez vos promesses. Vous devez être un homme dont les paroles signifient quelque chose. Dieu cherche des gens qui font ce qu'ils disent qu'ils vont faire.

Quand vous serez un homme de parole, vous serez prêt pour l'onction. Dieu n'a pas de temps à perdre avec des insensés dont les mots ne signifient rien. Vous pouvez continuer à être un membre de l'église, mais si vous voulez porter la précieuse onction, il se peut que vous ayez besoin de devenir un homme qui tient sa parole et ses promesses.

Étape 10 : Ne trompez pas les personnes innocentes

Lorsque vous serez oint, vous aurez beaucoup d'autorité. Si vous abusez de cette autorité, vous ferez du mal à beaucoup de personnes. Votre méchanceté causera la souffrance de beaucoup de personnes.

Il n'exige point d'intérêt de son argent, et il n'accepte point de don contre l'innocent...

Psaume 15 : 5

Vous devez être une personne qui ne profite pas des innocents et des pauvres.

À l'Éternel la terre et ce qu'elle renferme, le monde et ceux qui l'habitent !

Car il l'a fondée sur les mers, et affermie sur les fleuves.

Qui pourra monter à la montagne de l'ÉTERNEL ? Qui s'élèvera jusqu'à son lieu saint ?

Celui qui a les mains innocentes et le coeur pur ; celui qui ne livre pas son âme au mensonge, et qui ne jure pas pour tromper.

Psaume 24 : 1-4

Étape 11 : Ayez les mains innocentes

Celui qui a les mains innocentes...

Psaume 24 : 4

Avoir les mains innocentes signifie ne pas être coupable dans les lieux secrets. Lorsque vos mains sont innocentes, cela signifie que vous n'avez pas commis certains péchés. Lorsque vous serez oint, Dieu utilisera vos mains pour toucher de nombreuses vies.

Étape 12 : Ayez un cœur pur

...et le coeur pur...

Psaume 24 : 4

Il est également important d'avoir un cœur pur si vous voulez être oint. Dieu regarde au cœur et non aux choses extérieures que les êtres humains voient. David était oint en raison du type de cœur qu'il avait.

Malheureusement, la plupart des gens regardent à l'apparence extérieure. Même un prophète expérimenté comme Samuel fut induit en erreur par l'apparence extérieure.

Travaillez votre cœur parce que c'est ce que Dieu regarde. Ne vous sentez pas en sécurité parce que les gens chantent vos louanges. Les gens se trompent souvent. C'est ce que Dieu pense et dit qui est important.

Étape 13 : Évitez la vanité

... qui n'a pas élevé son âme vers la vanité...

Psaume 24 : 4
(Bible KJF)

Une personne ointe ne peut s'engager dans des activités frivoles et sans importance. Il existe beaucoup d'activités qui font perdre du temps et auxquelles une personne ointe ne peut prendre part.

Éliminez les mondanités inutiles de votre vie. Dans le ministère, vous devez chérir les choses qui ont une valeur éternelle et que Dieu lui-même désire. Vous ne pouvez pas lever votre âme vers la vanité.

Étape 14 : Ne jurez pas pour tromper votre prochain

...et qui ne jure pas pour tromper son prochain....

Psaume 24 : 4

Faire des promesses vaines est une étape qui vous éloignera assurément de l'onction. Une personne ointe doit tenir ses promesses. Elle ne doit pas tromper par ses paroles. C'est un proclamateur de la Parole et des desseins de Dieu.

Étape 15 : Cherchez le Seigneur.

Telle est la génération de ceux qui te cherchent, de ceux qui cherchent ta face, Ô Jacob.

Psaume 24 : 6

(Bible KJF)

Chercher le Seigneur et s'attendre à Lui constituent des moyens sûrs de s'approcher de l'onction. Celui qui s'attend au Seigneur renouvellera assurément ses forces.

Étape 16 : Suivez la lumière et la vérité de la Parole de Dieu.

Fais-moi VOIR TA LUMIÈRE, AVEC TA VÉRITÉ pour qu'elles m'accompagnent et qu'elles soient mes guides vers ta montagne sainte jusque dans ta demeure.

Alors j'avancerai jusqu'à l'autel de Dieu, vers toi, Dieu de ma joie et de mon allégresse. Alors je te louerai en m'accompagnant de la lyre. O Dieu : tu es mon Dieu !

Psaume 43 : 3-4

À mesure que vous suivrez la lumière de la Parole de Dieu, elle vous mènera vers un lieu d'onction. La lumière et la vérité de la Parole de Dieu vous conduisent vers la présence de Dieu.

Chapitre 11

Sept étapes menant à une onction que vous pouvez sentir

La femme atteinte d'une perte de sang avait un problème gynécologique courant et désespérément besoin d'un miracle. Son témoignage constitue un puissant exemple de la manière dont une personne peut recevoir une onction. Il s'agit d'un témoignage très important, car il montre :

a. Comment les guérisons s'opèrent : les guérisons s'opèrent lorsque l'onction de guérison quitte l'homme de Dieu et se déplace vers celui qui est guéri.

b. La place du ressenti dans le ministère de l'Esprit : cette histoire nous apprend que l'onction peut être ressentie. « Je ne me laisse pas émouvoir par ce que je vois, je ne me laisse pas émouvoir par ce que je ressens » est un beau chant qui est vrai à plusieurs égards. Toutefois, ce témoignage montre qu'il est possible de ressentir l'onction.

c. Nous voyons également comment une personne qui fait le ministère peut parfois sentir l'onction partir d'elle.

d. Nous apprenons comment une personne qui reçoit un miracle peut en fait sentir ce qui est en train de se passer.

e. Enfin, nous découvrons qu'il existe encore d'autres étapes qui permettent de recevoir l'onction.

Sept étapes permettant de recevoir l'onction

Étape 1 : Supportez la souffrance à laquelle vous êtes destiné

Or, il y avait une femme atteinte d'une perte de sang depuis douze ans. Elle avait beaucoup souffert entre

les mains de plusieurs médecins, elle avait dépensé tout ce qu'elle possédait, et elle n'avait éprouvé aucun soulagement, mais était allée plutôt en empirant.

Marc 5 : 25-26

Pour recevoir l'onction, vous devrez souffrir certaines choses. Cette femme rechercha Christ parce qu'elle souffrait d'une maladie chronique; elle avait un problème insoluble. Le royaume de Dieu n'a rien à voir avec ce que vous savez ni ce que vos parents sont. C'est ce que vous avez traversé, ce que vous avez souffert et ce à quoi vous avez survécu qui est important ! Contrairement à ce qui est enseigné à l'église aujourd'hui, nous sommes en fait destinés et appelés à souffrir certaines choses.

...nous envoyâmes Timothée, notre frère, ministre de Dieu dans l'Évangile de Christ, pour vous affermir et vous exhorter au sujet de votre foi, afin que personne ne fût ébranlé au milieu des tribulations présentes ; car vous savez vous-mêmes que nous sommes destinés à cela.

1 Thessaloniciens 3 : 2-3

À la conversion de Paul, un prophète fut envoyé pour lui montrer à quel point il devait souffrir.

Mais le Seigneur lui dit : Va, car cet homme est un instrument que j'ai choisi, pour porter mon nom...et je lui montrerai tout ce qu'il doit souffrir pour mon nom.

Actes 9 : 15-16

L'appel de Paul à exercer la fonction élevée d'apôtre était un appel à souffrir. C'était un appel à expérimenter les épreuves et les difficultés.

D'une certaine façon, la souffrance vous attendrit, vous rend humble et vous permet de recevoir l'onction. L'orgueil ne peut pas recevoir de Dieu ; il pousse Dieu à ne pas vous aimer et à vous résister. Très souvent, pour se débarrasser de l'orgueil, Dieu vous amènera à un endroit humiliant.

Étape 2 : Attendez votre temps

Or, il y avait une femme atteinte d'une perte de sang depuis douze ans.

Marc 5 : 25

Dieu avait déterminé que cette femme ne recevrait l'onction qu'après douze années de souffrance. Elle ne rencontra Jésus qu'après avoir souffert pendant douze longues années. Il y a un temps pour tout, y compris pour être oint (Ecclésiaste 3 : 1). Vous devez attendre le temps de l'onction. Souvent, les personnes qui expérimentent un certain niveau d'onction ont souffert pendant plusieurs années. Qu'avez-vous traversé ? Qu'avez-vous souffert ? À quoi avez-vous survécu ?

Étape 3 : Écoutez ce qu'il convient

Ayant entendu parler de Jésus...

Marc 5 : 27

L'une des étapes importantes menant à l'onction est peut-être celle qui consiste à écouter ce qu'il convient. Vous entrerez dans tout ce que Dieu a pour vous par l'entremise de ce que vous entendez. La foi vient simplement de ce qu'on entend. Si vous entendez parler de l'onction, vous y croirez et vous attendrez à la recevoir. Si vous entendez parler de visions et de révélations, vous vous attendrez à en avoir. Chaque ministre est limité par ce qu'il entend. Exposez-vous aux bonnes prédications et enseignements, et vous arriverez au lieu de l'onction. J'ai reçu l'onction pendant que j'écoutais une prédication ointe de Kenneth Hagin.

Étape 4 : Allez vers l'oint pour recevoir son onction

...elle vint dans la foule par derrière...

Marc 5 : 27

Cette femme alla chercher Jésus afin de recevoir l'onction pour sa guérison. Parfois, vous devez vous rendre physiquement à un endroit pour être oint. Vous devrez peut-être vous rendre dans un autre pays pour être en contact avec l'homme oint et son onction. Faites tout ce qu'il faut pour rencontrer des personnes ointes.

Certaines personnes portent un manteau que Dieu a déterminé de vous donner. Elles possèdent en fait une onction qui vous appartient. Élie porta l'onction d'Élisée pendant des années, et c'était à Élisée d'aller la chercher. Élisée dut quitter ses bœufs et aller vivre avec l'homme de Dieu oint pour recevoir son onction.

Étape 5 : Dites ce qu'il convient

Car elle disait : Si je puis seulement toucher ses vêtements, je serai guérie.

Marc 5 : 28

La mort et la vie sont au pouvoir de la langue. Ce que vous dites aura une grande incidence sur tout ce qui concerne votre vie et votre avenir. Même vos blagues peuvent avoir une incidence sur vous. La réception ou la perte de l'onction est liée à ce que vous dites.

La syro-phénicienne reçut l'onction de guérison pour son enfant à cause de ses paroles. Jésus lui expliqua pourquoi elle allait recevoir la puissance de Dieu : à cause de ses paroles.

Car une femme, dont la fille était possédée d'un esprit impur, entendit parler de lui, et vint se jeter à ses pieds.

Cette femme était grecque, syro-phénicienne d'origine. Elle le pria de chasser le démon hors de sa fille.

Jésus lui dit : Laisse d'abord les enfants se rassasier ; car il n'est pas bien de prendre le pain des enfants, et de le jeter aux petits chiens.

Oui, Seigneur, lui répondit-elle, mais les petits chiens, sous la table, mangent les miettes des enfants. Alors il lui dit : à cause de cette parole, va, le démon est sorti de ta fille.

Marc 7 : 25-29

Étape 6 : Comprenez comment l'onction se porte et se transmet

Car elle disait : Si je puis seulement toucher ses vêtements, je serai guérie.

Marc 5 : 28

L'onction est souvent portée par le vent, l'huile, le tissu, les vêtements, etc. (Voir mon livre *Amplify Your Ministry with Miracles and Manifestations of the Holy Spirit - Amplifiez votre ministère par les miracles et les manifestations de l'Esprit Saint*). Il est important de comprendre ces réalités si vous devez recevoir l'onction. Entrer en contact avec ces choses peut en fait vous amener à être oint.

Dans ce cas, la femme était convaincue qu'elle recevrait l'onction en touchant un vêtement. Elle était convaincue qu'il y avait de la puissance dans les vêtements d'un homme oint. Ses origines juives lui permettaient peut-être de mieux comprendre et croire cette réalité. Elle avait vu comment les vêtements des sacrificateurs étaient oints. Elle avait entendu dire que l'onction se touvait sur le manteau de l'homme oint. Les vêtements des sacrificateurs étaient oints dans l'Ancien Testament. Cela montrait que l'onction devait être portée dans les vêtements des sacrificateurs.

Moïse prit de l'huile d'onction et du sang qui était sur l'autel ; il en fit l'aspersion sur Aaron et sur ses vêtements, sur les fils d'Aaron et sur leurs vêtements ; et il sanctifia Aaron et ses vêtements, les fils d'Aaron et leurs vêtements avec lui.

Lévitique 8 : 30

Des linges et des mouchoirs furent pris sur le corps de Paul. Ces tissus portaient l'onction et pouvaient chasser les maladies.

...au point qu'on appliquait sur les malades des linges ou des mouchoirs qui avaient touché son corps, et les maladies les quittaient, et les esprits malins sortaient...

Actes 19 : 12

Le manteau d'Élie (un autre type de tissu) portait l'onction. C'est la raison pour laquelle Élie le jeta sur Élisée lorsqu'il l'appela dans le ministère. C'est la raison pour laquelle Élisée le ramassa après qu'Élie fut enlevé au Ciel. Il l'utilisa comme un outil d'onction pour frapper le Jourdain et le séparer en deux.

Saül reconnut le prophète Samuel par son manteau. Saül demanda à la sorcière de décrire l'homme qu'elle voyait. Lorsqu'elle dit qu'il était revêtu d'un manteau, Saül sut qu'il devait s'agir du prophète.

> **Il lui dit : Quelle figure a-t-il ? Et elle répondit : C'est un vieillard qui monte et il est enveloppé d'un manteau. Saül comprit que c'était Samuel, et il s'inclina le visage contre terre et se prosterna.**
>
> **1 Samuel 28 : 14**

Les vêtements de Jésus étaient oints. C'est pourquoi la femme atteinte d'une perte de sang n'eut qu'à toucher le bord de son vêtement pour être guérie.

Étape 7 : Soyez une fille

> **Mais Jésus lui dit : Ma fille, ta foi t'a sauvée ; va en paix, et sois guérie de ton mal.**
>
> **Marc 5 : 34**

Jésus aurait pu s'adresser à elle en disant « Femme, ta foi t'a sauvée ». Mais il l'appela « Fille ». Il y a une différence entre une femme et une fille. Une fille est une personne qui fait confiance, est humble et ressemble à un enfant.

Soyez comme un enfant. Soyez humble, et vous aurez accès à tous les dons du royaume. L'humilité est la clef qui ouvre toutes les portes de l'onction. C'est peut-être la raison pour laquelle vous n'avez pas reçu l'onction. Vous devez être semblable à un enfant et faire confiance en ce qui concerne votre relation avec l'oint et son onction. Beaucoup d'analyse et de critiques ne vous mèneront pas au lieu de l'onction.

Chapitre 12

L'onction des prophètes et des hommes justes

...beaucoup de prophètes et de justes ont désiré voir ce que vous voyez...

Matthieu 13 : 17

Jésus était l'onction que beaucoup de prophètes et d'hommes justes avaient désiré voir. Il était la grande onction attendue pendant des siècles par les Juifs. Il était appelé Christ, l'oint.

Pourtant, les gens ne purent pas recevoir de ce grand don. Qu'est-ce qui les tint éloignés de la puissance qui se déplaçait à Jérusalem ? Qu'est-ce qui aveugla leurs yeux et les empêcha de voir l'onction qu'ils avaient sous les yeux ?

L'onction que beaucoup de prophètes et d'hommes justes avaient espérée était là, et ils ne pouvaient ni la reconnaître ni la recevoir. Est-il possible que nous ayons beaucoup de grandes onctions près de nous que nous ne sommes ni capables de reconnaître ni capables de recevoir ?

Dans le présent chapitre, je vais vous parler de sept étapes dont Jésus a parlé. Ces étapes auraient permis aux personnes de Son époque d'expérimenter cette grande onction.

Ces mêmes étapes vous amèneront à recevoir de puissants dons et de puissantes onctions que Dieu a pour vous. Il ne sert à rien d'avoir de grandes onctions près de vous et de ne pas pouvoir y accéder.

Vous pouvez être oint ! Vous aussi vous pouvez recevoir l'onction. La volonté de Dieu sera faite et l'onction se frayera un chemin vers vous !

Ces sept étapes commencent par une explication donnée par Jésus sur la manière dont Dieu choisit souverainement qui doit recevoir les mystères de Dieu et se terminent par la conversion et la guérison de l'âme.

Étape 1 : Être divinement choisi pour recevoir l'onction

> **...Parce qu'il vous a été donné de connaître les mystères du royaume des cieux, et que cela ne leur a pas été donné.**
>
> **Matthieu 13 : 11**

Il est important de reconnaître que l'onction est un don divin. Nous pouvons parler d'autant d'étapes menant à l'onction que possible, mais l'onction n'est pas une chose qu'une personne peut simplement développer. Dieu est celui qui décide de vous donner l'onction ou pas.

Étape 2 : Avoir une certaine quantité d'onction

> **Car on donnera à celui qui a, et il sera dans l'abondance, mais à celui qui n'a pas on ôtera même ce qu'il a.**
>
> **Matthieu 13 : 12**

Une des réalités les plus encourageantes est de savoir que si vous avez déjà une certaine quantité d'onction, vous avez une chance d'en recevoir plus. Les Écritures nous montrent sans cesse que si vous avez un don, vous avez une chance d'en recevoir plus. Si vous sentez que Dieu vous a donné un don, s'il vous plaît, ouvrez votre cœur pour recevoir davantage, parce que c'est la loi du royaume. Cela devrait être très encourageant pour quiconque est dans le ministère.

Si vous êtes pasteur, vous pourriez recevoir une onction plus élevée pour un plus grand ministère. Si vous avez des rêves et des visions, vous avez plus de chances de recevoir des révélations encore plus grandes. Allez donc de l'avant, et attendez-vous à ce qu'une plus grande puissance soit mise à votre disposition.

Étape 3 : Pouvoir voir ce que vous devez voir

Mais heureux sont vos yeux, parce qu'ils voient, et vos oreilles, parce qu'elles entendent !

Matthieu 13 : 16

La troisième étape menant à l'onction consiste à avoir des yeux qui peuvent voir. Parfois, je demande : « As-tu vu sœur Comfort » ? Et la réponse est : « Est-ce que c'est celle qui avait de longs cheveux bouclés et un foulard rouge et mauve ? »

Et je réponds : « Pardon ? »

J'ai certes vu sœur Comfort, mais je ne pourrais pas me rappeler comment étaient ses cheveux ni si elle portait un foulard.

Voyez-vous, les yeux des gens voient différentes choses. Quand une personne se lève pour faire le ministère, certaines personnes voient un médecin en train de faire le ministère. D'autres voient un prédicateur grand à la peau foncée. D'autres aussi voient un homme célibataire et un mari potentiel. D'autres encore voient une personne qui a fait des études en train d'agir. Mais très peu de personnes voient ce qu'elles devraient réellement voir.

Il est important de voir et de reconnaître l'onction lorsqu'elle est à l'œuvre. Un jour, j'ai encouragé une sœur à servir Dieu dans le ministère à plein temps.

Après lui avoir parlé pendant des heures, elle me regarda d'un air affable et fit remarquer : « Pasteur, ma famille n'a pas autant d'argent que la vôtre. »

« Je ne suis pas comme vous », dit-elle. « Si je ne travaille pas dans le monde séculier, je ne pourrai pas survivre. » Je restai interloqué. Je me rendis compte que tout ce que cette femme pouvait voir, c'était la richesse de mon père. Elle ne pouvait voir ni l'onction ni la grâce de Dieu à l'œuvre. Malheureusement, son incapacité à voir la puissance de Dieu plutôt que l'argent de mon père l'empêcha de venir vers l'onction.

Cela constitue peut-être le plus grand obstacle à la réception de l'onction. Lorsque vous voyez une personne, il y a souvent un aspect de cette personne qui retient votre attention. Vous pouvez voir sa richesse, son parcours, les études qu'elle a poursuivies, sa gentillesse, sa sagesse, son amour, sa voiture, sa maison, et ainsi de suite. Certaines personnes ne regardent que l'épouse du prédicateur. D'autres n'analysent que le genre de personne qu'il a épousé.

Un dimanche, un de mes pasteurs m'a présenté à son église. J'ignore pourquoi, mais je me souviens toujours de cette présentation en particulier. Il me présenta comme une personne ointe ! Il dit qu'il avait réalisé qu'il y avait une très forte onction sur ma vie, laquelle touchait les gens de manière surnaturelle.

Il expliqua comment l'onction qui reposait sur ma vie avait eu une incidence surnaturelle sur lui. Il ne parla pas du nombre d'églises que j'avais construites ni du nombre de sermons que j'avais prêchés. Il ne raconta pas où il m'avait rencontré ni combien j'étais bon. Il ne parla que de l'onction, et je me rendis compte que ses yeux étaient exercés à voir quelque chose d'invisible qui était à la fois spirituel et éternel.

Ce que vous voyez détermine fortement ce que vous finirez par recevoir.

Étape 4 : Pouvoir entendre ce que vous devez entendre

Ils ont endurci leurs oreilles, et ils ont fermé leurs yeux…

Matthieu 13 : 15

Une fois de plus, lorsque les gens vous écoutent, ils entendent tous différentes choses. La première chose que la plupart des gens entendent est votre accent. Si vous n'avez pas le bon accent, ils n'entendront pas les puissantes paroles de vie que vous prononcez.

D'autres n'entendent que l'exactitude de votre grammaire et votre choix de mots. D'autres entendent les histoires que vous racontez et certains ne se souviennent que des blagues !

D'autres encore entendent les principes et les Écritures que vous partagez. Et il y en a aussi qui entendent des choses au-delà de celles précitées.

Ils entendent l'Esprit parler ! Ils reçoivent la sagesse du Saint-Esprit ! Certaines reçoivent des orientations du Saint-Esprit qui changent la vie ! D'une certaine manière, chacun entend différemment ! Jésus savait que les gens entendaient différemment, et c'est ce qu'Il entendait par « ...en entendant ils n'entendent point... ». Puissent vos oreilles entendre ce qu'elles doivent entendre ! Si vous commencez à entendre correctement, vous vous rapprocherez de l'onction que les prophètes et les hommes oints désirent.

Étape 5 : Pouvoir comprendre

> **...et vous ne comprendrez point ; vous regarderez de vos yeux, et vous ne verrez point.**
>
> **Matthieu 13 : 14**

Beaucoup de personnes ont de la difficulté à comprendre les choses. Cela devient un grand obstacle qui les empêche de recevoir quoi que ce soit. De telles personnes ne peuvent pas avoir un mariage paisible.

Elles ne comprennent jamais rien, quelle que soit la manière dont on leur explique les choses et quels que soient les illustrations dont on se sert.

Il ne sert à rien de conseiller de telles personnes, étant donné qu'elles ont déjà pris leur décision. Les Écritures sont claires : « Et avec tout ce que tu possèdes acquiers l'intelligence » (Proverbes 4 : 7). *Il est essentiel de comprendre ce qui est dit pour que l'onction traverse la barrière de votre intelligence et pénètre votre esprit.* Lorsque vous manquez d'intelligence, votre cerveau constitue un obstacle qui vous coupe de la Parole de Dieu et de toutes les bénédictions qui l'accompagnent.

Comme il est difficile d'être marié à une personne qui ne comprend pas les choses. Cette personne (homme ou femme) n'est jamais d'accord avec rien, ne dit jamais oui, ne dit jamais non, ne plie jamais, ne cède jamais, n'abandonne jamais, ne voit jamais de quoi on parle, ne va jamais dans le même sens que les autres, et pour finir, ne comprend jamais !

Que Dieu touche votre intelligence afin que vous puissiez voir et connaître la grandeur de l'onction qui se tient près de vous.

Étape 6 : Comprendre avec le coeur

Qu'ils ne comprennent de leur cœur...

Matthieu 13 : 15

Il existe un niveau de compréhension encore plus élevé. C'est lorsqu'on comprend les choses avec le cœur. Quand une personne comprend avec son cœur, on n'a pas besoin de lui expliquer les choses pendant longtemps. Comprendre avec le coeur signifie avoir une révélation si profonde qu'il n'est pas nécessaire d'avoir de nombreuses discussions, réunions, démonstrations de données et analyses statistiques.

Quand une personne comprend avec le cœur,au début de la discussion, elle dit des choses comme « Je comprends », « Tu n'as pas besoin de m'expliquer », « Je m'en charge », « Laisse-moi m'en occuper ». Quelle bénédiction d'avoir des personnes qui comprennent avec le cœur.

Très souvent, l'homme de Dieu ne peut pas expliquer tout ce qui se passe. Il se peut même qu'il ne puisse pas décrire tout ce qu'il ressent. Il a besoin de personnes qui sont en phase avec lui et qui comprennent avec leurs cœurs.

Quand vous commencez à comprendre Dieu avec votre cœur, vous vous rapprochez de votre conversion, de votre guérison et de votre onction !

Étape 7 : Être converti

Car le cœur de ce peuple est devenu insensible ; Ils ont endurci leurs oreilles, et ils ont fermé leurs yeux, de peur qu'ils ne voient de leurs yeux, qu'ils n'entendent de leurs oreilles, qu'ils ne comprennent de leur cœur, QU'ILS NE SE CONVERTISSENT, ET QUE JE NE LES GUÉRISSE.

Matthieu 13 : 15

La dernière étape vers l'onction que même les prophètes et les hommes oints désirent consiste à être converti (changer).

Pour finir, Dieu vous transforme à Son image. Quiconque devient oint est passé par un processus de transformation et a subi diverses « conversions ».

Le passage ci-dessus montre qu'un changement est requis avant que l'« onction » de guérison n'arrive. Il faut beaucoup changer pour porter la grâce de Dieu. Le vase doit changer ! Votre vie doit être complètement transformée si vous devez recevoir l'onction.

Chapitre 13

Restrictions de la personne ointe

Les restrictions imposées à un sacrificateur oint nous donnent un bon aperçu des restrictions imposées à une personne réellement ointe.

Sous l'ancienne alliance, certaines restrictions étaient imposées aux sacrificateurs oints. Ces restrictions de l'ancienne alliance nous donnent des enseignements sur les restrictions imposées aux hommes de Dieu aujourd'hui.

Moïse donna ces restrictions à Aaron et à d'autres sacrificateurs. Il expliqua que ces restrictions existaient *à cause de* l'huile d'onction qui était versée sur eux ! Ces restrictions n'avaient aucune autre raison d'être, si ce n'est le fait que de l'huile d'onction avait été versée sur eux ! Voyez-vous, lorsqu'une personne est *ointe,* elle est *sanctifiée* par l'onction.

Tu regarderas un sacrificateur comme saint, car il offre l'aliment de ton Dieu ; il sera saint...

Lévitique 21 : 8

Être *sanctifié* signifie que vous êtes maintenant une personne *spéciale*, *réservée* et *séparée* pour le service de Dieu. Dans un sens, vous êtes marié à la maison de Dieu. Vous n'êtes plus libre et vous ne pouvez plus simplement faire ce qui vous plaît. Quel petit prix à payer pour le privilège d'être une personne ointe.

Pourquoi des restrictions sont imposées aux personnes ointes

1. Les personnes ointes sont sanctifiées par l'onction.

Moïse prit de l'huile d'onction et du sang qui était sur l'autel ; il en fit l'aspersion sur Aaron et sur ses

vêtements, sur les fils d'Aaron et sur leurs vêtements ; et il SANCTIFIA AARON ET SES VÊTEMENTS, LES FILS D'AARON et leurs vêtements avec lui.

Lévitique 8 : 30

2. L'œuvre du ministère est réservée aux personnes ointes.

Moïse dit à Aaron : C'est ce que l'ÉTERNEL a déclaré, lorsqu'il a dit : JE SERAI SANCTIFIÉ PAR CEUX QUI S'APPROCHENT DE MOI, et je serai glorifié en présence de tout le peuple. Aaron garda le silence.

Lévitique 10 : 3

3. Être sanctifié signifie être séparé et spécialement sanctifié pour le service.

Tu regarderas un sacrificateur comme saint, car il offre l'aliment de ton Dieu ; il sera saint pour toi, car je suis saint, moi, l'ÉTERNEL, qui vous sanctifie.

Lévitique 21 : 8

Tu en revêtiras Aaron, ton frère, et ses fils avec lui. Tu les oindras, tu les consacreras, tu les sanctifieras, et ils seront à mon service dans le sacerdoce.

Exode 28 : 41

4. Les personnes sanctifiées (séparées et saintes) sont par conséquent des personnes qui ont des restrictions.

Vous ne sortirez point de l'entrée de la tente d'assignation, de peur que vous ne mouriez ; car l'huile de l'onction de l'ÉTERNEL est sur vous. Ils firent ce que Moïse avait dit.

Lévitique 10 : 7

IL NE SORTIRA POINT du sanctuaire, et ne profanera point le sanctuaire de son Dieu ; CAR L'HUILE D'ONCTION DE SON DIEU EST UNE COURONNE SUR LUI. Je suis l'ÉTERNEL.

Lévitique 21 : 12

5. Il est dangereux de violer les restrictions liées à l'onction.

Alors le feu sortit de devant l'ÉTERNEL, et les consuma : ils moururent devant l'ÉTERNEL. Moïse dit à Aaron : C'est ce que l'ÉTERNEL a déclaré, lorsqu'il a dit : Je serai sanctifié par ceux qui s'approchent de moi, et je serai glorifié en présence de tout le peuple. Aaron garda le silence.

Lévitique 10 : 2-3

Quinze restrictions des personnes ointes

1. Une personne ointe ne doit pas avoir grand-chose à faire avec les morts.

L'ÉTERNEL dit à Moïse : Parle aux sacrificateurs, fils d'Aaron, et tu leur diras : Un sacrificateur ne se rendra point impur parmi son peuple pour un mort…

Lévitique 21 : 1

Les choses mortes contaminent l'onction. La mort est l'un des plus grands ennemis de Dieu et sera vaincue à la fin. Lorsque cela arrivera, nous chanterons : « Ô mort, où est ta victoire ? Ô mort, où est ton aiguillon ? » (1 Corinthiens 15 : 55)

Jésus a dit : « Laisse les morts ensevelir leurs morts ». Une personne ointe a davantage à voir avec la vie qu'avec la mort. Lorsque vous êtes réellement oint, vous ne passez pas trop de temps à jouer avec la mort, les funérailles, les veillées mortuaires, les services commémoratifs, et tous les rituels qui accompagnent la mort.

2. Une personne ointe doit avoir une couverture.

Les sacrificateurs ne se feront point de place chauve sur la tête …

Lévitique 21 : 5

La calvitie (absence de cheveux) évoque le fait de ne pas avoir une couverture. Paul a dit que la chevelure symbolisait la couverture d'une personne.

Mais si une femme porte de longs cheveux, c'est une gloire pour elle, parce que sa chevelure lui est donnée pour la couvrir ?...

1 Corinthiens 11 : 5

(*Bible KJF*)

Tous les ministres devraient avoir une couverture sur leurs têtes. Vous devriez avoir une personne que vous admirez et qui vous donne des orientations et de l'inspiration spirituelles.

La présence de telles personnes au-dessus de vous dans le ministère, qui vous donnent des orientations et de l'inspiration, vous donnent une importante couverture pour votre vie.

3. **Une personne ointe a des restrictions à l'égard de son apparence physique.**

...ils ne raseront point les coins de leur barbe, et ils ne feront point d'incisions dans leur chair...

Lévitique 21 : 5

Le fait de se raser la barbe de façon inhabituelle ou de faire des incisions dans sa chair donnerait au sacrificateur un air bizarre et même effrayant. Lorsque vous serez oint, la manière dont vous vous habillerez et vous présenterez sera guidée par le Saint-Esprit.

Les personnes les plus ointes comme Élie et Jean-Baptiste avaient une apparence singulière qui semble avoir été dictée par l'onction. C'est la raison pour laquelle Jean-Baptiste et Élie avaient la même apparence, car ils portaient la même onction. En fait, on les reconnaissait à cause de leur apparence inhabituelle.

Achazia leur dit : Quel air avait l'homme qui est monté à votre rencontre et qui vous a dit ces paroles ? Ils lui répondirent : C'était un homme vêtu de poil et ayant une ceinture de cuir autour des reins. Et Achazia dit : C'est Élie, le Thischbite.

2 Rois 1 : 7-8

4. **Les hommes oints ont des restrictions en ce qui concerne le genre de femme qu'ils épousent.**

Ils ne prendront point une femme prostituée ou déshonorée, ils ne prendront point une femme répudiée par son mari, car ils sont saints pour leur Dieu. Il prendra pour femme une VIERGE. Il ne prendra ni une VEUVE, ni une FEMME RÉPUDIÉE, ni une FEMME DÉSHONORÉE ou PROSTITUÉE ; mais il prendra pour femme une vierge parmi son peuple.

Lévitique 21 : 7; 13-14

Compte tenu de l'onction qui repose sur votre vie, vous ne pouvez pas simplement épouser qui vous voulez. Beaucoup de ministères avortent parce que ce principe est négligé. Ce principe devrait peut-être être l'un des principes les plus faciles à comprendre, car il est bien connu que le mariage peut faire réussir ou échouer un ministère.

5. **Une personne ointe doit être aussi parfaite que possible.**

Parle à Aaron, et dis : Tout homme de ta race et parmi tes descendants, qui aura un DÉFAUT CORPOREL, ne s'approchera point pour offrir l'aliment de son Dieu.

Lévitique 21 : 17

N'importe quel défaut corporel disqualifiait quiconque voulait devenir sacrificateur. Paul donne une instruction analogue lorsqu'il dit à Timothée qu'un évêque doit être irréprochable.

6. **Une personne ointe ne doit pas être spirituellement aveugle.**

Tout homme qui aura un défaut corporel ne pourra s'approcher: un HOMME AVEUGLE...ayant une TACHE À L'OEIL...

Lévitique 21 : 18,20

Un sacrificateur ne doit pas être spirituellement aveugle. L'absence de visions et de rêves dans la vie d'une personne traduit souvent l'absence du Saint-Esprit. Une personne ointe aura un minimum de vision surnaturelle, même si elle n'est pas prophète.

7. **Une personne ointe ne doit pas être spirituellement immobile.**

> **Tout homme qui aura un défaut corporel ne pourra s'approcher : un homme...ayant...UN MEMBRE ALLONGÉ ;**
>
> **Lévitique 21 : 18**

Suivre Dieu implique souvent que l'on bouge avec l'Esprit. L'Esprit est toujours en mouvement. Si vous ne pouvez pas vous bouger ou si vous ne bougez pas avec le Saint-Esprit, vous deviendrez inutile pour Lui parce que vous serez déphasé. L'apathie dans les choses spirituelles vous fera rester loin derrière le plan de Dieu.

8. **Une personne ointe doit être spirituellement sensible.**

> **Car quiconque a un défaut n'approchera pas…un qui a LE NEZ ÉPATÉ…**
>
> **Lévitique 21 : 18**
> **(*Bible KJF*)**

Par avoir le nez épaté, on entend le fait que la capacité d'une personne de sentir ou de percevoir les choses soit altérée. La sensibilité au Saint-Esprit est primordiale pour une personne ointe. Un nez spirituellement épaté ne sera pas favorable à l'onction.

9. **Une personne ointe ne peut pas avoir des disproportions.**

> **Car quiconque a un défaut n'approchera pas...qui a quelque membre disproportionné ; …**
>
> **Lévitique 21 : 18**

Un homme de Dieu ne peut pas avoir des choses superflues. Un homme oint a des restrictions parce qu'il est oint. Il ne lui est pas permis d'avoir des choses de manière disproportionnée, que les personnes normales pourraient avoir. Lorsque vous êtes oint, vous ne pouvez pas manger autant que vous le voulez. Vous ne pouvez pas mener un style de vie comportant les excès auxquels beaucoup de personnes qui ne sont pas ointes s'adonnent. Vous pouvez avoir des restrictions à l'égard de ce que vous mangez, ce que vous buvez, ce que vous achetez, ce que vous portez, la voiture que vous conduisez, la maison dans laquelle vous vivez et ce que vous faites. Quel petit prix à payer pour être une personne ointe.

10. Une personne ointe doit pouvoir aller partout où le Seigneur lui veut qu'il aille et faire tout ce que le Seigneur veut qu'il fasse.

> **Tout homme qui aura un défaut corporel ne pourra s'approcher : ...un homme ayant une FRACTURE AU PIED OU À LA MAIN ...**
>
> **Lévitique 21 : 18-19**

Une fracture au pied ou à la main vous limite en ce qui concerne les endroits où vous pouvez aller et ce que vous pouvez faire. Lorsque vous êtes oint, vous ne pouvez restreindre Dieu dans ce pour quoi Il vous utilise. Il y a des gens qui veulent être oints, mais qui veulent également dicter à Dieu ce qu'ils feront dans le royaume. Une fracture au pied ou à la main vous limite dans ce que vous faites et en ce qui concerne les endroits où vous pouvez aller.

Dès que l'onction arrivera dans votre vie, vous serez Son serviteur et vous irez là où Il vous dira d'aller, et ferez ce qu'Il vous dira de faire. Vous ne pouvez pas dire que vous êtes au-dessus d'un travail de secrétaire si c'est ce qu'Il souhaite que vous fassiez.

11. Une personne ointe ne doit pas cesser de se développer ni de continuer à grandir.

> **Car quiconque a un défaut n'approchera pas … Ou BOSSU ou NAIN…**
>
> **Lévitique 21 : 18,20**
> **(*Bible KJF*)**

Un bossu ou un nain symbolise une personne dont la croissance s'est subitement arrêtée. Les nains spirituels sont des personnes qui ont cessé de grandir. Être oint nécessite une plus grande croissance et un plus grand développement spirituels. Vous ne pouvez pas cesser de vous développer et de grandir dans l'Esprit parce que vous vous rendez compte que Dieu vous a oint.

Je dois passer encore plus de temps à me développer parce que je suis oint.

12. Une personne ointe ne doit pas avoir de blessure non guérie.

> **Car quiconque a un défaut n'approchera pas...ou qui a LA GALE ou UNE CROÛTE ou les testicules écrasés.**
>
> **Lévitique 21 : 18,20**
> **(*Bible KJF*)**

Les personnes qui ont de la gale spirituelle (scorbut) ont des blessures qui n'ont pas guéri. Le scorbut est une maladie très connue due à une carence en vitamine C. Dans cette maladie, le principal problème est l'incapacité du corps à guérir. Les patients reçoivent souvent de la vitamine C afin de faciliter la guérison des blessures.

Les croûtes sont aussi une sorte de blessure. Tout ministre doit être guéri des nombreuses blessures de sa vie et de son ministère. Votre ministère ne doit pas être inspiré de vos blessures ou de vos heurts. Lorsque vous faites le ministère en vous inspirant de vos blessures, le non pardon et l'amertume s'enracinent dans votre âme.

13. Les personnes ointes doivent rester dans leur appel.

> **Les fils d'Aaron, Nadab et Abihu, prirent chacun un brasier, y mirent du feu, et posèrent du parfum dessus ; ils apportèrent devant l'ÉTERNEL du FEU ÉTRANGER, ce qu'il ne leur avait point ordonné. Alors le feu sortit de devant l'ÉTERNEL, et les consuma : ils moururent devant l'ÉTERNEL.**
>
> **Lévitique 10 : 1-2**

Une personne ointe ne peut pas offrir du feu étranger que le Seigneur ne lui a pas demandé. Un feu étranger est une chose que Dieu ne vous a pas demandé de lui offrir. Vous ne pouvez pas passer du statut de pasteur à celui de prophète si Dieu ne vous l'a pas demandé. Vous ne pouvez pas changer votre ministère et faire n'importe quoi dans l'église simplement parce que c'est une bonne chose. Nadab et Abibu payèrent de leur vie le fait d'avoir fait dans l'église des choses que Dieu ne leur avait pas demandé de faire.

14. Les personnes ointes ne peuvent pas retourner dans le monde. Leurs vies appartiennent à Dieu.

VOUS NE SORTIREZ POINT DE L'ENTRÉE DE LA TENTE D'ASSIGNATION, de peur que vous ne mouriez ; car l'huile de l'onction de l'ÉTERNEL est sur vous. Ils firent ce que Moïse avait dit.

Lévitique 10 : 7

Les personnes ointes sont restreintes à la tente d'assignation. C'est la raison pour laquelle beaucoup de personnes qui sont appelées par Dieu ont le sentiment qu'elles vont mourir si elles quittent le ministère. Elles savent que leurs vies sont restreintes à la maison de Dieu et à Son service. C'est la raison pour laquelle Paul a dit : « malheur à moi si je n'annonce pas l'Évangile ! » (1 Corinthiens 9 : 16). Il sentait la mort à l'extérieur du tabernacle.

Il savait qu'il serait condamné s'il s'aventurait à l'extérieur du ministère que Dieu lui avait donné.

15. Les personnes ointes ne doivent être influencées que par le Saint-Esprit.

TU NE BOIRAS NI VIN, NI BOISSON ENIVRANTE, toi et tes fils avec toi, lorsque vous entrerez dans la tente d'assignation, de peur que vous ne mouriez…

Lévitique 10 : 9

Les personnes spirituelles ne peuvent pas se permettre de se soumettre à de mauvaises influences. Le vin et les boissons enivrantes sont des influences qui guident le comportement d'une personne. Une personne ointe doit être sous l'influence du Saint-Esprit.

C'est le Saint-Esprit qui guide le ministère. Tout ministère qui est guidé par la sagesse séculière et humaine est en grand danger. Le Saint-Esprit nous a été donné pour nous aider à nous orienter dans les ténèbres de notre génération.

Chapitre 14

L'onction royale

Samuel prit une fiole d'huile, qu'il répandit sur la tête de Saül. Il le baisa, et dit : L'Éternel ne t'a-t-il pas oint pour que tu sois le chef de son héritage ?

1 Samuel 10 : 1

L'onction royale est celle qui faisait entrer les gens dans la fonction de roi. C'est l'onction qui faisait d'une personne ordinaire un roi d'Israël. Les deux plus grands exemples d'onction royale sont ceux de David et Saül.

L'huile d'onction qui fut versée sur David est largement évoquée dans le chapitre sur l'oint de l'Éternel. Vous verrez comment le roi Saül fut élevé à une place d'autorité grâce à l'onction. Le Seigneur envoya Samuel oindre Saül, une personne ordinaire, et c'est de l'effet que cette onction royale eut sur Saül que nous discuterons dans le présent chapitre. Vous verrez comment Saül fut complètement transformé en une personne différente et élevé à cause de l'onction.

Vous demandez peut être : « Qu'est ce que cette onction royale a à voir avec nous » ? Eh bien, Dieu nous a appelés à être des rois et des sacrificateurs pour Lui.

...et de la part de Jésus Christ, le témoin fidèle, le premier-né des morts, et le prince des rois de la terre ! A celui qui nous aime, qui nous a délivrés de nos péchés par son sang, et QUI A FAIT DE NOUS UN ROYAUME, DES SACRIFICATEURS pour Dieu son père...

Apocalypse 1 : 5-6

Ce n'est que par l'onction que vous pourrez répondre à cet appel à l'autorité et à la véritable royauté.

Quinze puissants effets de l'onction royale

1. **Après que vous aurez été oint, vous récupérerez les choses que vous aviez perdues.**

Aujourd'hui, après m'avoir quitté, tu trouveras deux hommes près du sépulcre de Rachel, sur la frontière de Benjamin, à Tseltsach. Ils te diront : Les ânesses que tu es allé chercher sont retrouvées ; et voici, ton père ne pense plus aux ânesses, mais il est en peine de vous, et dit : Que dois-je faire au sujet de mon fils ?

1 Samuel 10 : 2

2. **L'onction royale vous fera avancer et progresser dans la vie.**

De là tu iras plus loin, et tu arriveras au chêne de Thabor, où tu seras rencontré par trois hommes montant vers Dieu à Béthel, et portant l'un trois chevreaux, l'autre trois gâteaux de pain, et l'autre une outre de vin.

1 Samuel 10 : 3

(*Bible KJF*)

3. **L'onction royale fera en sorte que les gens vous saluent.**

Vous ne serez plus ignoré et méprisé. Ceux qui vous méprisaient seront forcés de compter avec vous.

Et ils te salueront...

1 Samuel 10 : 4

(*Bible KJF*)

4. **L'onction royale poussera les hommes à vous donner.**

C'est à cause de l'onction que les hommes viendront vers vous avec des cadeaux et des offrandes.

...et ils te donneront deux pains, que tu recevras de leur main.

1 Samuel 10 : 4

5. Vous irez dans la présence de Dieu.

Vous vous retrouverez à passer plus de temps dans la maison de Dieu à cause de l'onction qui repose sur votre vie.

Après cela, tu iras au coteau de Dieu...

1 Samuel 10 : 5
(*Bible KJF*)

6. L'onction vous préparera à rencontrer certaines personnes.

Vous êtes maintenant destiné à rencontrer certains hommes spirituels qui aiguiseront votre ministère. Lorsque leur manteau sera combiné au vôtre, votre autorité spirituelle sera multipliée.

...tu rencontreras une troupe de prophètes descendant du haut lieu, précédés du luth, du tambourin, de la flûte et de la harpe, et prophétisant eux-mêmes.

1 Samuel 10 : 5

7. L'onction royale vous fera prophétiser.

Prophétiser, c'est parler sous la conduite et l'inspiration du Saint-Esprit. Vous parlerez certainement sous l'inspiration du Saint Esprit à cause de l'onction.

L'esprit de l'Éternel te saisira, tu prophétiseras avec eux...

1 Samuel 10 : 6

8. Vous serez changé en un autre homme.

Les gens qui vous connaissaient avant que vous ne soyez oint ne pourront pas faire le rapprochement avec votre statut d'homme transformé.

...et tu seras changé en un autre homme.

1 Samuel 10 : 6

9. Vous ferez ce qui se présentera à vous.

...tu feras ce qui se présentera à toi...

1 Samuel 10 : 7

(*Bible KJF*)

Vous prendrez des décisions naturellement et serez en phase avec Dieu à mesure que vous avancerez. Vos décisions seront inspirées par l'Esprit de Dieu à partir du jour où vous recevrez l'onction royale. C'est la raison pour laquelle vous pourrez faire « ce qui se présentera ».

10. Votre cœur sera changé.

...Dieu lui donna un autre coeur...

1 Samuel 10 : 9

Sans un changement de cœur, vous ne pouvez ni recevoir l'onction ni l'utiliser. Dieu dut donner à Saül un autre cœur avec lequel il pourrait porter l'onction.

11. Votre appel sera mis en doute.

Vous ne pouvez pas entrer dans le ministère sans rencontrer des défis, sans que l'on ne s'interroge sur vous et que l'on ne vous résiste. Vous devez vous attendre à ces choses au début de votre ministère.

Tous ceux qui l'avaient connu auparavant virent qu'il prophétisait avec les prophètes, et l'on se disait l'un à l'autre dans le peuple : Qu'est-il arrivé au fils de Kis ? Saül est-il aussi parmi les prophètes ? Quelqu'un de Guibea répondit : Et qui est leur père ? - De là le proverbe : Saül est il aussi parmi les prophètes ?

1 Samuel 10 : 11-12

12. L'onction royale amènera certaines personnes à vous soutenir.

Samuel dit à tout le peuple : Voyez-vous celui que l'Éternel a choisi ? Il n'y a personne dans tout le peuple qui soit semblable

1 Samuel 10 : 26

13. Les cœurs de certaines personnes seront touchés, et elles vous suivront.

Saül aussi s'en alla dans sa maison à Guibea. Il fut accompagné par les honnêtes gens, dont Dieu avait touché le coeur.

1 Samuel 10 : 26

(*Bible KJF*)

14. L'onction royale provoquera de l'opposition.

Mais les enfants de Belial dirent : Comment cet homme nous sauverait il ?...

1 Samuel 10 : 27

(*Bible KJF*)

Les enfants de Satan sont également incités à s'opposer à toute nouvelle chose que Dieu fait. Sans opposition, vous devriez même vous poser des questions sur votre appel. La présence d'opposition est un signe de l'appel et de l'onction de Dieu.

15. L'onction royale provoquera le mépris.

Et ils le méprisèrent, et ne lui apportèrent aucun présent. Mais Saül n'y prit point garde.

1 Samuel 10 : 27

Certaines personnes ne vous honoreront pas avec des cadeaux et des offrandes, malgré ce que Dieu fait avec votre vie. Les railleries et les moqueries sont une caractéristique normale du chemin qui mène à l'onction. Prenez courage et continuez. Dieu a aussi touché le cœur de plusieurs personnes qui vous soutiendront.

Chapitre 15

L'onction du prophète Ésaïe

Ésaïe prohétisa la venue de l'Esprit du Seigneur sur lui. Dans l'un des plus beaux chapitres de la Bible, il souligne les puissants effets de la venue de l'Esprit de Dieu. Il déclare que l'Esprit du Seigneur (l'onction) sera sur lui, lui fera faire certaines choses et fera aussi arriver certaines choses.

1. **« L'esprit du Seigneur, l'ÉTERNEL, est sur moi, car l'ÉTERNEL m'a oint pour porter de bonnes nouvelles aux malheureux… » (Ésaïe 61 : 1)**

L'onction vous permettra de prêcher aux pauvres. C'est l'onction qui générera les moyens financiers qui vous permettront de prêcher à des gens qui n'ont pas les moyens de payer pour entendre l'Évangile.

2. **« Il m'a envoyé pour guérir ceux qui ont le coeur brisé… » (Ésaïe 61 : 1)**

La présence de l'onction dans votre vie fera en sorte que votre prédication et votre ministère guérissent des personnes qui ont le cœur brisé et ont été déçues. Même si vous n'avez pas de solution concrète à leurs problèmes, l'onction guérira leurs cœurs brisés et déçus. C'est la raison pour laquelle des foules affluent dans les églises qui ont un pasteur oint. Il peut ne pas avoir de mari à donner aux veuves qui se sentent seules, mais l'onction guérit les cœurs brisés.

3. **« …Pour proclamer aux captifs la liberté, et aux prisonniers la délivrance… » (Ésaïe 61 : 1)**

La présence de l'onction dans votre vie fera en sorte que les captifs soient libérés. Beaucoup de personnes sont liées par la présence de mauvais esprits. Les enseignements logiques et les exposés méthodiques ne peuvent pas ouvrir les portes d'une prison. C'est par l'onction que ceux à qui vous faites le ministère seront libérés.

4. « ...pour consoler tous les affligés... » (Ésaïe 61 : 2)

Consoler les affligés fait partie du ministère de l'Esprit. Lorsque vous serez oint, les gens seront encouragés par le seul fait de vous voir ! Ils seront encouragés lorsqu'ils vous entendront ! Ils seront encouragés lorsque vous leur imposerez les mains !

Le fait qu'une personne soit encouragée ne signifie pas qu'elle est guérie. Parfois, il y a des raisons légitimes pour lesquelles les gens ne peuvent pas être guéris dans cette vie, et le ministère de consolation est par conséquent une puissante solution de rechange pour eux.

Cet effet de consolation est très différent de l'onction de guérison ! La puissance de Dieu qui réconforte sans guérir le problème est tout aussi puissante. Puissent les gens être encouragés et réconfortés lorsque vous leur parlez ou leur faites le ministère.

5. « ...pour leur donner un diadème au lieu de la cendre... » (Ésaïe 61 : 3)

L'onction restaurera votre beauté et votre attrait. Lorsque cette onction est sur un pasteur, beaucoup de personnes sont attirées par son église sans savoir pourquoi. Lorsque l'onction est sur un évangéliste, beaucoup de personnes sont attirées par ses croisades sans savoir pourquoi.

Les personnes ointes sont belles. Les personnes qui ne sont pas ointes doivent dépenser beaucoup d'argent pour se faire belles. L'onction vous rendra frais, beau et attirant. Malheureusement, les gens ne se rendent pas compte lorsqu'elles sont attirées par une personne ointe.

Par des accusations, elles se tiennent à l'écart des personnes ointes, pensant qu'elles désirent quelque chose qui ne leur appartient pas. Elles ne se rendent pas compte que l'onction rend la personne attirante et qu'en réalité, elles réagissent à l'onction qui repose sur elle.

6. « ...Une huile de joie au lieu du deuil, un vêtement de louange au lieu d'un esprit abattu... » (Ésaïe 61 : 3)

L'onction vous rendra joyeux. C'est une réalité. L'esprit d'abattement, c'est l'esprit de dépression. Les sentiments de dépression (d'inutilité, de désespoir et de culpabilité) ne sont pas inspirés par le Saint Esprit. Il s'agit souvent de manifestations démoniaques. Lorsque l'onction reposera sur votre vie, vous aurez de la joie, des louanges et de la reconnaissance dans votre cœur.

7. « ...afin qu'on les appelle des térébinthes de la justice, une plantation de l'ÉTERNEL, pour servir à sa gloire... » (Ésaïe 61 : 3)

L'onction vous amènera à être une personne juste. La justice et la sainteté ne sont pas des choses faciles à exercer. La plupart des êtres humains sont incapables de maîtriser leurs passions et leurs faiblesses humaines. Beaucoup de ministres se vantent de leur droiture morale. Ils pensent secrètement que ce sont leurs principes et leur style de vie respectable qui assurent la justice. Il faut une profonde compréhension spirituelle pour se rendre compte que c'est en réalité l'onction qui fait de vous un arbre de justice.

8. « ...ils rebâtiront sur d'anciennes ruines, ils relèveront d'antiques décombres, ils renouvelleront des villes ravagées, dévastées depuis longtemps... » (Ésaïe 61 : 4)

L'onction vous permettra de rebâtir et de restaurer les choses. Vous serez en mesure de relever des fondations et d'établir l'œuvre de Dieu. Vous serez capable de poser une brique après l'autre.

À cause de l'onction, vous prendrez des vies détruites et sans espoir et en ferez quelque chose. Il y a des années de cela, j'ai nommé un pasteur. Lorsqu'un autre ministre entendit que ce dernier était devenu pasteur, il fut étonné et dit : « Dag fait des prodiges ». Il n'arrivait pas à croire qu'une telle personne puisse être élevée par l'onction et entrer dans le ministère.

9. **« ...des étrangers seront là et feront paître vos troupeaux, des fils de l'étranger seront vos laboureurs et vos vignerons... » (Ésaïe 61 : 5)**

L'onction vous conduira au-delà des frontières de votre pays, de votre tribu et de votre nation. Certaines personnes sont des ministres et des pères internationaux. D'autres sont simplement des ministres pour leurs pays. D'autres encore sont des ministres pour certaines tribus et langues.

Il faut être oint pour pouvoir dépasser les frontières de votre pays et toucher des étrangers. Dans le monde naturel, les gens ne sont pas beaucoup touchés par des personnes qui n'ont pas leur couleur ou leur accent. Il faut l'onction pour faire tomber ces barrières.

10. **« ...Mais vous, on vous appellera sacrificateurs de l'ÉTERNEL, on vous nommera serviteurs de notre Dieu... » (Ésaïe 61 : 6)**

À cause de l'onction, vous serez un sacrificateur. Quel honneur et quel privilège que d'être appelé sacrificateur de l'Éternel. Qu'est ce qui pourrait bien faire en sorte qu'une personne comme vous ou moi aient une vocation aussi honorable et sainte ? Seule l'onction peut faire une telle chose !

11. **« ...Vous mangerez les richesses des nations, et vous vous glorifierez de leur gloire... » (Ésaïe 61 : 6)**

L'onction attire les richesses (et les persécutions qui l'accompagnent). C'est la raison pour laquelle beaucoup de ministres de Dieu sont très riches.

Par richesses et gloire des nations, on entend les richesses incroyables que reçoivent les personnes ointes. Personne ne devrait rechercher ces richesses ni la gloire connexe. Ce que nous devons rechercher, c'est Dieu et l'onction du Saint-Esprit. Toutefois, c'est tout simplement une réalité que l'onction fait en sorte que les richesses arrivent dans les mains des personnes ointes.

12. **« Au lieu de votre opprobre, vous aurez une portion double; au lieu de l'ignominie, ils seront joyeux de leur part ; ils posséderont ainsi le double dans leur pays, et leur joie sera éternelle... » (Ésaïe 61 : 7)**

L'onction efface l'opprobre de votre passé. Beaucoup d'hommes et de femmes honteux au passé épouvantable et répréhensible se tiennent maintenant derrière une chaire le dimanche matin.

L'onction a effacé leur passé choquant et scandaleux. L'esprit de honte et de disgrâce est lié et ils sont devenus des hommes et des femmes d'honneur qui suscitent même de l'admiration.

L'onction chasse la confusion. La confusion est un esprit qui harcèle de bonnes personnes qui essaient de servir le Seigneur. La confusion arrive par l'entremise de puissantes accusations qui sonnent vrai. Lorsque l'onction vient sur vous, la honte et la confusion s'en vont.

13. **« ...Leur race sera connue parmi les nations, et leur postérité parmi les peuples ; tous ceux qui les verront reconnaîtront qu'ils sont une race bénie de l'ÉTERNEL... » (Ésaïe 61 : 9)**

L'onction fera en sorte que vos enfants et vos descendants soient bénis. Tout au long de la Bible, il apparaît clairement que la puissance de Dieu a une incidence sur les descendants des personnes ointes.

Faites appel à l'onction et attendez vous à ce que vos enfants reçoivent de l'aide à cause de l'onction qui repose sur votre vie.

14. **« ...Je me réjouirai en l'ÉTERNEL, mon âme sera ravie d'allégresse en mon Dieu ; car il m'a revêtu des vêtements du salut, il m'a couvert du manteau de la délivrance, comme le fiancé s'orne d'un diadème, comme la fiancée se pare de ses joyaux... » (Ésaïe 61 : 10)**

L'onction vous fera revêtir des vêtements du salut. Une personne ointe est très préoccupée par le salut. Elle comprend le salut. Elle s'émerveille du salut. Elle parle du salut. Elle prêche le salut et fait le ministère afin que les gens soient sauvés.

Lorsque l'onction s'en va, les vêtements du salut sont ôtés et le salut n'est plus une priorité dans le ministère.

Dans le livre des Actes, la présence du Saint-Esprit se manifestait par le fait que les disciples recevaient le pouvoir d'être des témoins de Christ et de Son salut.

L'absence du Saint-Esprit change vraiment l'église de manière spectaculaire et en fait un lieu où les gens ne sont pas sauvés.

15. « …Car, comme la terre fait éclore son germe, et comme un jardin fait pousser ses semences, ainsi le Seigneur, l'ÉTERNEL, fera germer le salut et la louange, en présence de toutes les nations… » (Ésaïe 61 : 11)

L'onction fera en sorte que la justice augmente dans le monde. Elle fera en sorte que des louanges soient offertes au Seigneur dans beaucoup de nations.

Seule l'onction du Saint-Esprit peut entraîner la formation d'églises et de congrégations qui élèvent régulièrement le nom du Seigneur.

Chapitre 16

Ce qu'être « l'oint de l'Éternel » signifie

Être l'oint de l'Éternel constitue l'une des plus grandes bénédictions qu'un être humain puisse recevoir.

Le roi David fut oint dans sa jeunesse. Il n'avait absolument rien qui pouvait le qualifier pour la fonction importante qu'il vint occuper.

La nouveauté dans sa vie était l'onction faite par Samuel. À mesure qu'il avança, il attribua par conséquent tout à l'onction qu'il avait reçue. Il change quasiment son nom et s'appela « l'oint de l'Éternel ». Dans ses psaumes et ses cantiques, il parlait toujours de lui même en disant « l'oint de l'Éternel ».

Les avantages liés au fait d'être « l'oint de l'Éternel ».

1. **« Pourquoi ce tumulte parmi les nations, ces vaines pensées parmi les peuples ?...contre l'ÉTERNEL et contre son oint ?... » (Psaume 2 : 1)**

Un jour j'ai entendu quelqu'un faire une intéressante prière. Il dit : « J'annule toutes les décisions qui ont été prises à mon sujet. »

Je réalisai alors que les gens se réunissent et prennent des décisions contre l'oint de l'Éternel. Leurs méchants plans et idées contre votre vie n'aboutiront à rien à cause de l'onction. C'est la raison pour laquelle David a demandé pourquoi les gens imaginent même de telles futilités.

Quelle bénédiction que d'être oint ! Toutes les réunions qui sont tenues dans le but de planifier ou de prendre des décisions contre votre vie n'aboutiront à rien au nom de Jésus.

2. «...il fait miséricorde à son oint... » (Psaume 18 : 50)

Un homme de Dieu reste un homme. Quelle que soit la manière dont Dieu vous utilise, vous aurez besoin de Sa miséricorde. En raison de la précieuse onction qui repose sur votre vie, vous pouvez vous attendre à bénéficier de la miséricorde de Dieu lorsque vous tombez dans le péché.

David était un être humain et il tomba dans le péché à plusieurs reprises. Mais il savait que le Seigneur ferait miséricorde à son oint. Quelle bénédiction que d'être oint.

3. « Je sais déjà que l'Éternel sauve son oint... » (Psaume 20 : 6)

Le roi David mena beaucoup de combats. Peut être qu'il avait failli perdre la vie à différentes occasions et savait combien il était facile d'être tué. C'est lui même qui a dit qu'il n'y a qu'un pas entre la vie et la mort.

> **David dit encore, en jurant : Ton père sait bien que j'ai trouvé grâce à tes yeux, et il aura dit : Que Jonathan ne le sache pas ; cela lui ferait de la peine. Mais l'ÉTERNEL est vivant et ton âme est vivante ! Il n'y a qu'un pas entre moi et la mort.**
>
> **1 Samuel 20 : 3**

David était convaincu que c'était l'onction qui l'avait sauvé de la mort. Parce que vous êtes l'oint de l'Éternel, Il vous sauvera du péché et de la tentation. Il vous donnera le dessus le jour où vous serez face à une crise. Il empêchera que vous ne tombiez entre les mains de ceux qui vous détestent. Le psalmiste oint a dit : « Je sais déjà que l'Éternel sauve Son oint. »

4. « Tu aimes la justice, et tu hais la méchanceté : c'est pourquoi, ô Dieu, ton Dieu t'a oint d'une huile de joie, par privilège sur tes collègues. » (Psaume 45 : 7)

L'oint de l'Éternel est une personne heureuse. L'onction vous rend joyeux. Toute votre tristesse sera enlevée à cause de l'onction. Quelle joie que de servir le Seigneur. La futilité et la vanité de la vie sont supprimées par l'onction. Toutes les raisons pour lesquelles vous devriez déprimer sont supprimées par l'onction. L'onction est l'huile de joie.

5. **« Mais tu élèveras ma corne comme la corne de la licorne ; je serai oint d'une huile fraîche. » (Psaume 92 : 11, *Bible KJF*).**

Que votre corne soit élevée signifie que Dieu vous établit comme un homme d'autorité. C'est l'onction qui vous donne de l'autorité spirituelle. Les hommes vous obéiront même jusqu'à la mort à cause de l'autorité que Dieu vous a donnée. Sans l'onction, vos paroles n'auront aucune puissance, et personne ne vous écoutera. Avec l'onction, les gens obéiront même à de petites instructions.

6. **« Et mon œil verra ce que je désire en mes ennemis… » (Psaume 92 : 12, Bible KJF).**

Vos souhaits à l'égard de vos ennemis se réaliseront à cause de l'onction. Ceux qui vous tourmentent seront détruits. Vous verrez la fin de ceux qui vous haïssent. Vous entendrez parler de leurs funérailles et de leurs enterrements, mais vous vivrez longtemps et ferez les œuvres de l'Éternel.

7. **« …Les justes croissent comme le palmier, ils s'élèvent comme le cèdre du Liban… » (Psaume 92 : 12)**

L'onction vous fera croître et prospérer dans tout ce que vous faites. C'est en effet la grâce de Dieu qui fait en sorte qu'un homme prospère quand les autres ne font que régresser. La croissance d'un palmier est inhabituelle parce qu'un palmier peut survivre presque partout.

Lorsque l'onction sera sur vous, votre ministère prospérera n'importe où. Vous pourrez être dans une petite ville, mais Dieu vous fera prospérer. Vous pourrez être dans une ville pauvre, mais à cause de l'onction, vous fleurirez et prospérerez.

Vous avez peut-être été envoyé à un lieu sans signification terrestre, mais à cause de l'onction du palmier, vous réussirez et votre ministère sera fructueux.

> **Plantés dans la maison de l'ÉTERNEL, ils prospèrent dans les parvis de notre Dieu…**
>
> **Psaume 92 : 13**

Souvenez-vous que vous prospérerez dans les parvis de Dieu. Si vous sortez de votre appel, ne vous attendez pas à prospérer.

Si vous quittez le ministère, ne vous attendez pas à prospérer. Dieu a promis qu'il vous fera prospérer dans Ses parvis.

8. « Ils portent encore des fruits dans la vieillesse, ils sont pleins de sève et verdoyants. » (Psaume 92 : 14).

Lorsque vous êtes l'oint de l'Éternel, vous portez du fruit même dans la vieillesse. Dieu a conçu toute Sa création de telle manière qu'elle porte du fruit pendant une courte saison. Mais même lorsque la saison juvénile de la productivité aura pris fin, l'onction fera en sorte que vous prospériez.

Beaucoup de ministres ont un grand succès au début de leur ministère, mais finissent dans la tragédie, la misère et la petitesse. Lorsque vous êtes l'oint de l'Éternel, votre ministère s'étend au delà de quelques années juvéniles de productivité.

9. « …Ne touchez pas à mes oints, et ne faites pas de mal à mes prophètes ! » (Psaume 105 : 15)

L'onction crée une couverture et un bouclier de protection invisibles. Beaucoup de personnes détestent les oints de l'Éternel et les critiquent. Lorsque vous serez oint, les gens discuteront de vous et inventeront des histoires à votre sujet ! Vous entendrez toutes sortes de choses sur vous.

Critiquer l'oint de l'Éternel est peut-être une tentation naturelle, mais Dieu donne un avertissement très sévère à tout-venant : Ne touchez pas à mes oints !

Beaucoup sont ceux qui ont découvert combien il est dangereux de toucher à l'oint de l'Éternel.

Comme il est triste de voir que des personnes aspirant à devenir ministres se lancent dans de nombreuses critiques à l'égard de personnes ointes par le Seigneur. C'est peut-être la seule semence qui mine toute leur vie et leur ministère : le fait d'avoir touché à l'oint de l'Éternel.

10. « ...je préparerai une lampe à mon oint... » (Psaume 132 : 17)

Dieu a préparé une lampe spéciale qui guide Son oint. Cette lampe guidera la personne ointe dans les moments sombres de sa vie.

Attendez-vous à être illuminé ! Attendez-vous à avoir des visions ! Attendez-vous à faire des rêves ! Attendez-vous à avoir une compréhension particulière de la Parole de Dieu à cause de l'onction qui repose sur votre vie. Je sens souvent la présence même de l'Esprit lorsque je lis la Bible.

Puissiez vous devenir un serviteur oint de l'Éternel et puisse quelqu'un vous appeler « l'oint de l'Éternel ».

Chapitre 17

Étapes menant à la perte de l'onction

Saül est l'un des plus beaux exemples d'une personne qui reçut l'onction dans la Bible. Malheureusement, il est aussi un triste exemple d'une personne qui perdit l'onction. Non seulement il perdit l'onction, mais en plus, de mauvais esprits envahirent son âme. Une étude de sa vie nous permettra de voir comment il perdit le précieux don et la précieuse position qu'il avait.

> L'ÉTERNEL adressa la parole à Samuel, et lui dit :
>
> Je me repens d'avoir établi Saül pour roi, car il se détourne de moi et il n'observe point mes paroles. Samuel fut irrité, et il cria à l'ÉTERNEL toute la nuit.
>
> Il se leva de bon matin, pour aller au-devant de Saül. Et on vint lui dire : Saül est allé à Carmel, et voici, il s'est érigé un monument ; puis il s'en est retourné, et, passant plus loin, il est descendu à Guilgal.
>
> Samuel se rendit auprès de Saül, et Saül lui dit : Sois béni de l'ÉTERNEL ! J'ai observé la parole de l'ÉTERNEL.
>
> Samuel dit : Qu'est-ce donc que ce bêlement de brebis qui parvient à mes oreilles, et ce mugissement de boeufs que j'entends ?
>
> Saül répondit : Ils les ont amenés de chez les Amalécites, parce que le peuple a épargné les meilleures brebis et les meilleurs boeufs, afin de les sacrifier à l'ÉTERNEL, ton Dieu ; et le reste, nous l'avons dévoué par interdit.
>
> Samuel dit à Saül : Arrête, et je te déclarerai ce que l'ÉTERNEL m'a dit cette nuit. Et Saül lui dit : Parle !
>
> Samuel dit : Lorsque tu étais petit à tes yeux, n'es-tu pas devenu le chef des tribus d'Israël, et l'ÉTERNEL ne t'a-t-il pas oint pour que tu sois roi sur Israël ?

L'ÉTERNEL t'avait fait partir, en disant : Va, et dévoue par interdit ces pécheurs, les Amalécites ; tu leur feras la guerre jusqu'à ce que tu les aies exterminés.

Pourquoi n'as-tu pas écouté la voix de l'ÉTERNEL ? Pourquoi t'es-tu jeté sur le butin, et as-tu fait ce qui est mal aux yeux de l'ÉTERNEL ?

Saül répondit à Samuel : J'ai bien écouté la voix de l'ÉTERNEL, et j'ai suivi le chemin par lequel m'envoyait l'ÉTERNEL. J'ai amené Agag, roi d'Amalek, et j'ai dévoué par interdit les Amalécites ;

Mais le peuple a pris sur le butin des brebis et des boeufs, comme prémices de ce qui devait être dévoué, afin de les sacrifier à l'ÉTERNEL, ton Dieu, à Guilgal.

Samuel dit : L'ÉTERNEL trouve-t-il du plaisir dans les holocaustes et les sacrifices, et l'observation de sa parole vaut mieux que la graisse des béliers.

Car la désobéissance est aussi coupable que la divination, et la résistance ne l'est pas moins que l'idolâtrie et les théraphim. Puisque tu as rejeté la parole de l'ÉTERNEL, il te rejette aussi comme roi.

Alors Saül dit à Samuel : J'ai péché, car j'ai transgressé l'ordre de l'ÉTERNEL, et je n'ai pas obéi à tes paroles ; je craignais le peuple, et j'ai écouté sa voix.

Maintenant, je te prie, pardonne mon péché, reviens avec moi, et je me prosternerai devant l'ÉTERNEL.

Samuel dit à Saül : Je ne retournerai point avec toi ; car tu as rejeté la parole de l'ÉTERNEL, et l'ÉTERNEL te rejette, afin que tu ne sois plus roi sur Israël.

Et comme Samuel se tournait pour s'en aller, Saül le saisit par le pan de son manteau, qui se déchira.

Samuel lui dit : L'ÉTERNEL déchire aujourd'hui de dessus toi la royauté d'Israël, et il la donne à un autre, qui est meilleur que toi.

Celui qui est la force d'Israël ne ment point et ne se repent point, car il n'est pas un homme pour se repentir.

1 Samuel 15 : 10-29

Les étapes qui vous permettront de ne pas perdre l'onction

Étape 1 : Ne désobéissez pas aux ordres spécifiques du Seigneur pour votre ministère

Désobéir à Dieu, c'est rejeter ses commandements. Si vous semez une semence de rejet, vous serez vous même rejeté. Saül avait été spécialement chargé d'éliminer les Amalécites. Le fait de ne pas avoir accompli cette tâche spécifique l'amena à perdre l'onction.

L'ÉTERNEL adressa la parole à Samuel, et lui dit : Je me repens d'avoir établi Saül pour roi, car il se détourne de moi et il n'observe point mes paroles. Samuel fut irrité, et il cria à l'ÉTERNEL toute la nuit.

1 Samuel 15 : 10-11

Étape 2 : Ne devenez pas grand à vos propres yeux

Saül fut oint lorsqu'il était petit à ses propres yeux. Il est important que vous continuiez à vous considérer comme petit, sans importance et insignifiant pour garder l'onction présente dans votre vie.

Samuel dit : Lorsque tu étais petit à tes yeux, n'es-tu pas devenu le chef des tribus d'Israël, et l'ÉTERNEL ne t'a-t-il pas oint pour que tu sois roi sur Israël ?

1 Samuel 15 : 17

Saül fut établi chef lorsqu'il était petit à ses propres yeux. Le moyen le plus sûr de perdre votre statut de leader dans le ministère est de cesser de vous voir comme une petite personne insignifiante.

Étape 3 : Ne commencez pas à vous intéresser aux avantages financiers et terrestres du ministère

Saül sauta sur les avantages de son combat contre les Amalécites et s'empara de tout ce qu'il pouvait. Cela mit le Seigneur en colère parce qu'il avait commencé à s'intéresser à d'autres choses.

L'ÉTERNEL t'avait fait partir, en disant : Va, et dévoue par interdit ces pécheurs, les Amalécites ; tu leur feras la guerre jusqu'à ce que tu les aies exterminés. Pourquoi n'as-tu pas écouté la voix de l'ÉTERNEL ? Pourquoi t'es-tu jeté sur le butin, et as tu fait ce qui est mal aux yeux de l'ÉTERNEL ?

1 Samuel 15 : 18-19

Étape 4 : Ne faites pas de sacrifices au lieu d'obéir à Dieu

Samuel dit: L'ÉTERNEL trouve-t-il du plaisir dans les holocaustes et les sacrifices, comme dans l'obéissance à la voix de l'ÉTERNEL ? Voici, l'obéissance vaut mieux que les sacrifices, et l'observation de sa parole vaut mieux que la graisse des béliers.

1 Samuel 15 : 22

Faire toutes sortes de choses difficiles et sacrificielles pour Dieu au lieu d'écouter la voix de l'Esprit met Dieu en colère et provoque une fuite de l'onction. Il est courant, à mesure que le ministère grandit, que l'on veuille faire certaines choses dont on sait qu'elles sont sacrificielles, plutôt que d'écouter les orientations du Seigneur. Cela vous surprendra de savoir que certaines orientations du Seigneur sont en fait faciles et même agréables à suivre. Ne pas faire ces choses « faciles » est une des raisons courantes pour lesquelles vous pouvez perdre votre place et l'onction.

Étape 5 : Évitez la rébellion et la sorcellerie (divination)

Car la désobéissance est aussi coupable que la divination, et la résistance ne l'est pas moins que l'idolâtrie et les théraphim. Puisque tu as rejeté la parole de l'ÉTERNEL, il te rejette aussi comme roi.

1 Samuel 15 : 23

Saül fut réprimandé pour de la sorcellerie et de la rébellion. La sorcellerie, c'est le fait de se servir d'autres puissances pour contrôler les gens. Malheureusement, certains ministres peuvent utiliser des puissances qui ne sont pas le Saint Esprit pour contrôler les gens. Ils sont poussés par des puissances manipulatrices et d'autres moyens de contrôle comme les malédictions et les accusations.

Étape 6 : Ne soyez pas entêté

Un homme qui mérite d'être repris, et qui raidit le cou, sera brisé subitement et sans remède.

Proverbes 29 : 1

Saül fut également réprimandé pour son entêtement. L'entêtement est lié à un esprit d'inflexibilité et de résistance. Une personne qui a besoin de conseils et d'encouragements répétés pour faire ce qui est juste est entêtée. Une telle personne doit être constamment réprimandée et a besoin d'innombrables et de diverses méthodes de communication qui n'aboutissent pas à grand chose.

Comme Saül, une telle personne ne reconnaît jamais qu'elle a péché. Elle ne dit jamais « oui », ne dit jamais « non », ne cède jamais, n'abandonne jamais, ne s'incline jamais, ne fléchit jamais et ne plie jamais parce qu'elle est entêtée. Puissiez-vous ne pas être une personne difficile à atteindre et avec laquelle il est difficile de communiquer. C'est un moyen sûr de perdre l'onction. Essayez de comprendre les choses rapidement.

Étape 7 : Évitez l'iniquité

Toutes sortes de péchés peuvent vous faire perdre l'onction. Le péché ouvre la porte aux démons. Le péché ouvre la porte et donne un accès légitime à l'ennemi dans votre vie. Jésus nous a dit que le diable n'avait aucun accès à sa vie.

Je ne parlerai plus guère avec vous ; car le prince du monde vient. Il n'a rien en moi ;

Jean 14 : 30

Étape 8 : Évitez l'idolâtrie

La célèbre réprimande que Samuel adressa à Saül était également due à l'idolâtrie. Toute sorte d'idole ou de dieu qui se place entre vous et Jéhovah feront en sorte que vous perdiez la faveur et l'onction de Dieu. L'histoire des rois d'Israël témoigne de la manière dont Dieu retire sa grâce lorsque les gens suivent des idoles.

Étape 9 : Ne craignez pas les gens

Alors Saül dit à Samuel : J'ai péché, car j'ai transgressé l'ordre de l'Éternel, et je n'ai pas obéi à tes paroles ; je craignais le peuple, et j'ai écouté sa voix.

1 Samuel 15 : 24

Craindre les gens plutôt que de craindre le Seigneur est une cause courante de perte de l'onction. Il est important de craindre Dieu et non les gens.

Comme s'il n'avait jamais été oint

À la fin de sa vie, Saül ressemblait à quelqu'un qui n'avait jamais été oint. Il mourut comme une personne qui n'avait jamais expérimenté la grâce de Dieu.

David fit cette complainte :

L'élite d'Israël a succombé sur tes collines ! Comment des héros sont-ils tombés ?

Ne l'annoncez point dans Gath, n'en publiez point la nouvelle dans les rues d'Askalon, de peur que les filles des Philistins ne se réjouissent, de peur que les filles des incirconcis ne triomphent.

Montagnes de Guilboa ! Qu'il n'y ait sur vous ni rosée ni pluie, ni champs qui donnent des prémices pour les offrandes ! Car là ont été jetés les boucliers des héros, le bouclier de Saül ; l'huile a cessé de les oindre.

2 Samuel 1 : 19-21

Chapitre 18

Le chemin vers l'onction

Élisée, le meilleur exemple

Élisée est le meilleur exemple d'une personne qui choisit l'onction.

Élisée est le meilleur exemple d'une personne qui demanda l'onction.

Élisée est le meilleur exemple d'une personne qui reçut l'onction.

Élisée est le meilleur exemple d'une personne qui utilisa l'onction.

Élisée est le meilleur exemple d'une personne qui reçut son mentor spirituel comme un père.

Élisée est le meilleur exemple d'une personne qui servit jusqu'à ce qu'elle reçoive l'onction.

Élisée est le meilleur exemple d'une personne qui était plus ointe que son père.

> **Élie partit de là, et il trouva Élisée, fils de Schaphath, qui labourait. Il y avait devant lui douze paires de boeufs, et il était avec la douzième. Élie s'approcha de lui, et il jeta sur lui son manteau.**
>
> **Élisée, quittant ses boeufs, courut après Élie, et dit : Laisse-moi embrasser mon père et ma mère, et je te suivrai. Élie lui répondit : Va, et reviens ; car pense à ce que je t'ai fait.**
>
> **Après s'être éloigné d'Élie, il revint prendre une paire de boeufs, qu'il offrit en sacrifice ; avec l'attelage des boeufs, il fit cuire leur chair, et la donna à manger au peuple. Puis il se leva, suivit Élie, et fut à son service.**
>
> **1 Rois 19 : 19-21**

Rejoignons Élisée sur le chemin menant à l'onction. Vous pouvez recevoir l'onction du Saint-Esprit si vous suivez le chemin qu'a suivi Élisée. Toutes les personnes qui passent par un chemin particulier finissent au même endroit. Une même route ne peut pas mener différentes personnes à différents endroits !

Sept étapes sur le chemin menant à l'onction

1. Acceptez l'appel avec empressement

...quittant ses boeufs, courut après Élie...

1 Rois 19 : 20

Il est important que vous acceptiez l'appel de Dieu. Dieu appelle beaucoup de personnes, mais ce n'est pas tout le monde qui accepte son appel. Avançant mille et une excuses en faisant la moue, ces personnes courent après d'autres choses. Beaucoup parmi ceux que Dieu a appelés choisissent de mener une vie ordinaire comme de bons chrétiens « normaux » ayant une bonne moralité. Souhaitant être des parents consciencieux et des citoyens responsables, ils choisissent d'ignorer l'appel de Dieu.

Ces personnes reçoivent une tape dans le dos de la part de la société et de leurs amis. Elles sont applaudies par le monde comme étant le « type » de chrétiens qu'il a envie de voir.

Toutefois, Élisée courut avec empressement après l'appel. Dieu cherche des personnes qui répondent avec empressement à l'offre du ministère.

2. Soyez un homme de combat

...et celui qui échappera à l'épée de Jéhu, ÉLISÉE LE FERA MOURIR.

1 Rois 19 : 17

Élisée était un homme qui pouvait combattre avec l'épée. La vie chrétienne est un combat et le ministère l'est encore plus. Une grande partie du combat se déroule dans l'esprit et prend la forme de tentations, d'idées, d'imaginations et de solutions de remplacement de la volonté de Dieu.

Vous serez continuellement poussé à satisfaire vos désirs et vos instincts naturels de la mauvaise manière. Satan vous présentera un cocktail de pensées, de suggestions, de séductions et d'illusions fantastiques. Jusqu'à votre dernier jour, une série de personnes, d'événements et de circonstances se présenteront à vous comme un réseau complexe de tests et de tentations. Des démons qui se présenteront comme des anges et des anges que vous soupçonnerez d'être des démons ajouteront à la confusion et à la clameur du combat sur cette terre.

Si vous n'êtes pas préparé à combattre, vous ne pouvez pas recevoir l'onction. Paul combattit tout au long de sa vie et de son ministère. Pendant qu'il était en train de mourir, il déclara : « J'ai combattu le bon combat. » Vous devrez combattre pour chaque goutte d'onction que vous recevrez. Vous devrez combattre pour chaque poste que vous occuperez.

3. Soyez un homme qui laboure

> **Élie partit de là, et il trouva Élisée, fils de Schaphath, QUI LABOURAIT. Il y avait devant lui douze paires de boeufs, et il était avec la douzième. Élie s'approcha de lui, et il jeta sur lui son manteau...**
>
> **1 Rois 19 : 19**

Élie était en train de labourer lorsqu'il fut appelé. Le labour de la terre symbolise le fait de travailler dur. Élisée était quelqu'un qui travaillait dur et était diligent avant d'être appelé. Le ministère est rempli de durs travaux qui durent pendant plusieurs années. Il est rare qu'une personne paresseuse devienne quoi que ce soit dans le ministère.

4. Comprenez ce que cela signifie lorsque le manteau est jeté sur vous.

> **Élie s'approcha de lui, et il jeta sur lui son manteau.**
>
> **1 Rois 19 : 19**

Il est important que vous compreniez ce qui se passe dans votre vie. L'appel de Dieu est mystérieux et peut être vague.

Toutefois, ce que Dieu dit exactement et ce qu'il a l'intention de faire avec vous est souvent caché. Il est important de comprendre les douces indications que Dieu vous envoie.

Élisée aurait pu demander à Élie : « Pourquoi as-tu jeté ton manteau sur moi ? Qu'essaies-tu de dire ? Tu crois que j'ai besoin de vêtements supplémentaires ? »

Élisée ne dit rien de tout cela. Il savait ce que cela signifiait. Il perdit tout intérêt pour ses vaches ! Il ne voulait plus de son entreprise de labourage ! Ses yeux étaient élevés vers quelque chose de plus haut.

Parfois, lorsqu'un manteau tombe sur vous, vous avez simplement le désir de servir Dieu et de vivre pour lui.

Parfois, lorsqu'un manteau tombe sur vous, votre intérêt pour les choses séculières meurt. Rien ne vous attire plus et aucune somme d'argent ne peut vous séduire. Ces changements dans votre vie sont des signes qu'un manteau est tombé sur vous.

5. Tuez vos bœufs

> **Après s'être éloigné d'Élie, il revint prendre une paire de boeufs, qu'il offrit en sacrifice ; avec l'attelage des boeufs, il fit cuire leur chair, et la donna à manger au peuple...**
>
> **1 Rois 19 : 21**

Tout le monde a quelque chose de précieux lorsqu'il est appelé. Il est important de sacrifier ce que vous avez et de suivre l'appel de Dieu jusqu'à sa conclusion logique. Tout appel a un prix. Ne pensez pas que vous allez recevoir l'onction sans payer un prix aussi élevé que celui que toutes les personnes ointes paient.

6. Quittez votre famille

> **...Laisse-moi embrasser mon père et ma mère, et je te suivrai...**
>
> **1 Rois 19 : 20**

L'appel implique souvent une certaine séparation d'avec votre famille. Votre famille paie toujours un prix pour que vous puissiez répondre à l'appel de Dieu.

Beaucoup de personnes ont une liste de priorités dans laquelle elles placent Dieu en premier, la famille en second et le ministère en troisième. Je me demande où elles ont trouvé cette liste. Je ne suis pas d'accord avec cette liste de priorités.

Cela est contraire à ce que Jésus a dit :

> **Si quelqu'un vient à moi, et s'il ne hait pas son père, sa mère, sa femme, ses enfants, ses frères, et ses soeurs, et même à sa propre vie, il ne peut être mon disciple. Et quiconque ne porte pas sa croix, et ne me suit pas, ne peut être mon disciple.**
>
> **Luc 14 : 26-27**

Les époux, les épouses, les enfants, les frères et les sœurs paient tous un prix parce que Dieu vous a appelé. Bien que le prix du ministère soit élevé, le coût de la désobéissance l'est encore plus, et c'est ce que les gens ignorent.

7. Servez l'homme oint

> **Puis il se leva, suivit Élie, et fut à son service.**
>
> **1 Rois 19 : 21**

Comme il est nécessaire de servir humblement dans la maison du Seigneur. Élisée était connu par le public comme étant celui qui versait l'eau sur les mains d'Élie (2 Rois 3 : 11). Les apôtres étaient connus comme étant les serviteurs et les disciples de Christ. Josué était connu comme étant le serviteur de Moïse. Avant que vous ne receviez l'onction dans toute sa profondeur, vous devez devenir un serviteur.

Chapitre 19

La bataille pour la double portion

Élisée choisit l'onction. Il reconnut que la plus grande chose qu'il pouvait hériter d'Élie était l'onction. Malheureusement, beaucoup de personnes ne se rendent pas compte que l'onction du Saint-Esprit est la source de toutes les bénédictions. Élisée demanda impudemment une double portion de ce précieux don, et il la reçut !

Lorsqu'ils eurent passé, Élie dit à Élisée : Demande ce que tu veux que je fasse pour toi, avant que je sois enlevé d'avec toi. Élisée répondit : Qu'il y ait sur moi, je te prie, une double portion de ton esprit !

2 Rois 2 : 9

Recevoir l'onction ne fut pas facile pour Élisée. Élie lui dit qu'il avait demandé quelque chose de difficile. Élisée dut se battre pour recevoir l'onction. Il dut se battre pour rester avec Élie. Les batailles se déroulèrent à quatre endroits : à Guilgal, à Jéricho, à Béthel et au Jourdain. Chacun de ces lieux symbolise quelque chose d'important sur le chemin qui mène à l'onction. Le fait de mentionner chacune de ces villes rappelle d'importants événements spirituels qui se produisirent dans la Bible.

Le combat pour une double portion à Guilgal

À Guilgal, Élie essaya de se débarrasser d'Élisée. C'était un test pour savoir si Élisée persisterait dans sa quête d'onction.

Lorsque l'ÉTERNEL fit monter Élie au ciel dans un tourbillon, Élie partait de Guilgal avec Élisée. Élie dit à Élisée : Reste ici, je te prie, car l'ÉTERNEL m'envoie jusqu'à BÉTHEL. Élisée répondit : L'ÉTERNEL est vivant et ton âme est vivante ! Je ne te quitterai point. Et ils descendirent à Béthel.

2 Rois 2 : 1-2

La signification symbolique de Guilgal

1. Guilgal : Le lieu de la circoncision

C'est à cet endroit que les Israélites furent circoncis avant de traverser le Jourdain. Il symbolise la douleur du sacrifice ; le fait de couper la chair, de se couper du monde, de renoncer à des choses qu'on aime.

> **Le peuple sortit du Jourdain le dixième jour du premier mois, ET IL CAMPA À GUILGAL, à l'extrémité orientale de Jéricho.**
>
> **JOSUÉ DRESSA À GUILGAL les douze pierres qu'ils avaient prises du Jourdain.**
>
> **Il dit aux enfants d'Israël : Lorsque vos enfants demanderont un jour à leurs pères : Que signifient ces pierres ?**
>
> **Car l'ÉTERNEL, votre Dieu, a mis à sec devant vous les eaux du Jourdain jusqu'à ce que vous eussiez passé, comme l'ÉTERNEL, votre Dieu, l'avait fait à la mer Rouge, qu'il mit à sec devant nous jusqu'à ce que nous eussions passé,**
>
> **Afin que tous les peuples de la terre sachent que la main de l'ÉTERNEL est puissante, et afin que vous ayez toujours la crainte de l'ÉTERNEL, votre Dieu.**
>
> **Lorsque tous les rois des Amoréens à l'occident du Jourdain et tous les rois des Cananéens près de la mer apprirent que l'ÉTERNEL avait mis à sec les eaux du Jourdain devant les enfants d'Israël jusqu'à ce que nous eussions passé, ils perdirent courage et furent consternés à l'aspect des enfants d'Israël.**
>
> **EN CE TEMPS-LÀ, L'ÉTERNEL DIT À JOSUÉ : FAIS-TOI DES COUTEAUX DE PIERRE, ET CIRCONCIS de nouveau les enfants d'Israël, une seconde fois.**
>
> **Josué se fit des couteaux de pierre, et il circoncit les enfants d'Israël sur la colline d'Araloth.**

> **Voici la raison pour laquelle Josué les circoncit. Tout le peuple sorti d'Égypte, les mâles, tous les hommes de guerre, étaient morts dans le désert, pendant la route, après leur sortie d'Égypte.**
>
> **Tout ce peuple sorti d'Égypte était circoncis ; mais tout le peuple né dans le désert, pendant la route, après la sortie d'Égypte, n'avait point été circoncis.**
>
> **Josué 4 : 19-5 : 5**

2. Guilgal : Le lieu où cessa la manne

La manne fournie de manière surnaturelle cessa à Guilgal. À partir de ce moment-là, les Israélites allaient devoir semer et récolter pour eux-mêmes. Ils n'allaient plus tomber sur les choses par hasard. Lorsque vous arriverez à Guilgal, on s'attendra à ce que vous fassiez délibérément les choses qui vous conduiront à l'onction.

Nous tombons souvent par hasard sur beaucoup de bénédictions du royaume. Toutefois, il arrive un moment où Dieu s'attend à ce que nous travaillions délibérément pour obtenir ce dont nous avons besoin.

Vous êtes peut-être tombé par hasard sur la bonne église et avez bénéficié du ministère d'un bon pasteur. Mais il arrivera peut être un moment où Dieu s'attendra à ce que vous choisissiez délibérément un homme de Dieu que vous allez servir et suivre.

> **Les enfants d'Israël CAMPÈRENT À GUILGAL ; et ils célébrèrent la Pâque le quatorzième jour du mois, sur le soir, dans les plaines de Jéricho.**
>
> **Ils mangèrent du blé du pays le lendemain de la Pâque, des pains sans levain et du grain rôti ; ils en mangèrent ce même jour.**
>
> **LA MANNE CESSA le lendemain de la Pâque, quand ils mangèrent du blé du pays ; les enfants d'Israël n'eurent plus de manne, et ils mangèrent des produits du pays de Canaan cette année-là.**
>
> **Josué 5 : 10-12**

Le combat pour une double portion à Béthel

À Béthel, d'autres prophètes essayèrent de décourager Élisée et de le dissuader de suivre Élie. Élie lui-même conseilla à Élisée de renoncer à sa quête d'onction et de rester à distance. Mais Élisée était trop intelligent pour céder à cette suggestion.

Les fils des prophètes qui étaient à BÉTHEL sortirent vers Élisée, et lui dirent : Sais-tu que l'ÉTERNEL enlève aujourd'hui ton maître au-dessus de ta tête? Et il répondit : Je le sais aussi ; taisez vous.

Élie lui dit : Élisée, reste ici, je te prie, car l'ÉTERNEL m'envoie à JÉRICHO. Il répondit : L'ÉTERNEL est vivant et ton âme est vivante ! Je ne te quitterai point. Et ils arrivèrent à Jéricho.

2 Rois 2 : 3-4

La signification symbolique de Béthel

1. Béthel – Le lieu qui vous éloigne de votre vision

Si vous regardez sur une carte, vous vous apercevrez qu'aller à Béthel signifiait s'éloigner du Jourdain. Tout comme aller à Béthel signifiait qu'il fallait dévier d'un chemin qui menait directement au Jourdain, il se peut que l'Esprit vous conduise à des endroits pouvant sembler être des déviations. Cher frère, il y a des moments où les orientations de Dieu peuvent sembler étranges, mais tout cela fait partie du chemin qui mène à l'onction.

JACOB partit de Beer Schéba, et s'en alla à Charan.

Il arriva dans un lieu où il passa la nuit ; car le soleil était couché. Il y prit une pierre, dont il fit son chevet, et il se coucha dans ce lieu-là.

IL EUT UN SONGE. Et voici, une échelle était appuyée sur la terre, et son sommet touchait au ciel. Et voici, les anges de Dieu montaient et descendaient par cette échelle.

Et voici, l'ÉTERNEL se tenait au-dessus d'elle ; et il dit : Je suis l'ÉTERNEL, le Dieu d'Abraham, ton père, et le Dieu d'Isaac. La terre sur laquelle tu es couché, je la donnerai à toi et à ta postérité.

Ta postérité sera comme la poussière de la terre ; tu t'étendras à l'occident et à l'orient, au septentrion et au midi ; et toutes les familles de la terre seront bénies en toi et en ta postérité.

Voici, je suis avec toi, je te garderai partout où tu iras, et je te ramènerai dans ce pays ; car je ne t'abandonnerai point, que je n'aie exécuté ce que je te dis.

Jacob s'éveilla de son sommeil et il dit : Certainement, l'ÉTERNEL est en ce lieu, et moi, je ne le savais pas !

Il eut peur, et dit : Que ce lieu est redoutable ! C'est ici la maison de Dieu, c'est ici la porte des cieux !

Et Jacob se leva de bon matin ; il prit la pierre dont il avait fait son chevet, il la dressa pour monument, et il versa de l'huile sur son sommet.

IL DONNA À CE LIEU LE NOM DE BÉTHEL ; mais la ville s'appelait auparavant Luz.

Genèse 28 : 10-19

2. Béthel – Le lieu des rêves et des visions

C'est un lieu où Jacob reçut des rêves et des visions de Dieu. Lorsque vous arriverez à Béthel, vous aurez des visions et des rêves, et Dieu vous guidera de manière plus surnaturelle.

3. Béthel – Le lieu où l'on rencontre Dieu personnellement

Béthel est le lieu où Jacob rencontra Dieu personnellement. Il ne dépendait pas de l'expérience d'Abraham. Il connut Dieu personnellement lorsqu'il arriva à Béthel. Lorsque vous arriverez à Béthel, vous ne dépendrez pas de ce qu'une personne dit sur Dieu. Vous commencerez à Le connaître par vous-même. Il ne s'agira pas de ce que vous avez lu ou regardé. Il s'agira de ce que vous avez expérimenté.

4. Béthel – Le lieu où l'on confie ses finances à Dieu

C'est à Béthel que Jacob remit ses dîmes à l'Éternel. Étonnamment, beaucoup d'hommes de Dieu ont du mal à faire ce qu'il convient dès qu'il s'agit de finances. Lorsque vous serez passé par Béthel, donner la dîme ne sera pas un problème pour vous.

> **Et Jacob se leva de bon matin ; il prit la pierre dont il avait fait son chevet, il la dressa pour monument, et il versa de l'huile sur son sommet.**
>
> **Il donna à ce lieu le nom de Béthel; mais la ville s'appelait auparavant Luz.**
>
> **JACOB FIT UN VOEU, en disant : Si Dieu est avec moi et me garde pendant ce voyage que je fais, s'il me donne du pain à manger et des habits pour me vêtir,**
>
> **Et si je retourne en paix à la maison de mon père, alors l'ÉTERNEL sera mon Dieu ;**
>
> **Cette pierre, que j'ai dressée pour monument, sera la maison de Dieu ; et JE TE DONNERAI LA DÎME de tout ce que tu me donneras.**
>
> **Genèse 28 : 18-22**

5. Béthel – Le lieu où l'on fait des alliances avec Dieu

C'est à Béthel que Jacob fit une alliance avec Dieu. Il promit de Le servir et de L'adorer. Il promit de donner sa dîme à Dieu.

Il arrive un moment dans le ministère où vous entrez dans une relation plus profonde avec Dieu. Une relation conjugale est une relation plus profonde et supérieure en raison des alliances qu'elle implique. Votre ministère entre dans une nouvelle dimension lorsqu'il existe des alliances entre vous et Dieu.

Le combat pour une double portion à Jéricho

Une fois de plus, de jeunes prophètes et d'autres personnes ointes essayèrent de décourager Élisée. Élie dit à Élisée que tout était terminé et qu'il fallait qu'ils se séparent.

Élisée refusa de quitter le vieil homme, même s'il savait que c'était la fin. À quoi cela sert-il de suivre un vieil homme sans avenir ? Mais cela pourrait être le chemin qui mène à l'onction.

Les fils des prophètes qui étaient à JÉRICHO s'approchèrent d'Élisée, et lui dirent : Sais-tu que l'Éternel enlève aujourd'hui ton maître au-dessus de ta tête ? Et il répondit : Je le sais aussi ; taisez-vous.

Élie lui dit : Reste ici, je te prie, car l'Éternel m'envoie au JOURDAIN. Il répondit : L'Éternel est vivant et ton âme est vivante ! Je ne te quitterai point. Et ils poursuivirent tous deux leur chemin.

2 Rois 2 : 5-6

La signification symbolique de Jéricho

1. Jéricho – Le lieu de la guerre

C'est à cet endroit que Josué mena sa première bataille.

2. Jéricho – Le lieu où l'on se débarrasse de la déloyauté

C'est à cet endroit que les personnes déloyales doivent être éliminées. Les anciens d'Israël promirent de tuer quiconque murmurait contre Josué. Il est bon d'arriver à cet endroit.

Une fois que vous avez éliminé les traîtres déloyaux et les menteurs, vous avez la paix nécessaire pour bâtir.

Tout homme qui sera rebelle à ton ordre, et qui n'obéira pas à tout ce que tu lui commanderas, sera puni de mort. Fortifie toi seulement, et prends courage !

Josué 1 : 18

3. Jéricho – Le lieu de l'autorité

C'est à Jéricho que Josué maudit quiconque essayerait de rebâtir Jéricho. Ses paroles se réalisèrent parce qu'il était devenu un homme d'autorité à Jéricho. Lorsque vous arriverez au Jéricho de votre ministère, vous deviendrez un homme d'autorité.

De son temps, Hiel de Béthel bâtit Jéricho ; il en jeta les fondements au prix d'Abiram, son premier-né, et il en posa les portes aux prix de Segub, son plus jeune fils, selon la parole que l'ÉTERNEL avait dite par Josué, fils de Nun.

1 Rois 16 : 34

Le combat pour une double portion au Jourdain

Enfin, ils arrivèrent au Jourdain, le lieu de l'onction. Élisée dut ignorer les regards fixés sur lui de cinquante prophètes non oints. Sous les regards intenses de ces autres ministres, Élisée persévéra dans la vision qu'il avait d'obtenir une double portion, et il l'obtint.

Cinquante hommes d'entre les fils des prophètes arrivèrent et s'arrêtèrent à distance vis à vis, et eux deux s'arrêtèrent au bord du Jourdain.

2 Rois 2 : 7

La signification symbolique du Jourdain

1. Le Jourdain – Le lieu où vos désirs se réalisent

Le rêve d'Élisée de recevoir la double portion se réalisa au Jourdain. Vos rêves et vos visions se réaliseront au Jourdain.

2. Le Jourdain – Le lieu de la vision spirituelle

Les yeux d'Élisée s'ouvrirent au Jourdain, et il vit des chars et des chevaux spirituels. C'était la condition pour qu'il reçoive l'onction. « Si tu me vois ! » Lorsque vous arrivez au Jourdain, vous commencez à avoir d'importants rêves et visions qui vous conduiront dans les hauteurs du ministère.

Cinquante hommes d'entre les fils des prophètes arrivèrent et s'arrêtèrent à distance vis-à-vis, et eux deux s'arrêtèrent au bord du Jourdain.

Élie dit : Tu demandes une chose difficile. Mais SI TU

ME VOIS pendant que je serai enlevé d'avec toi, cela t'arrivera ainsi ; Sinon, cela n'arrivera pas.

2 Rois 2 : 7,10

Avoir des yeux et une vision spirituelle est essentiel pour recevoir l'onction.

Les yeux de Pierre, de Jacques et de Jean furent touchés à la montagne de la transfiguration.

Les yeux de Paul furent touchés sur le chemin de Damas, et il vit une lumière resplendissante.

Les yeux de Jésus furent ouverts, et il vit une colombe et entendit une voix au Jourdain. Chaque fois que vous avez une vision, vous vous rapprochez davantage du monde spirituel.

3. Le Jourdain – Le lieu de la vigilance

La vigilance spirituelle est importante pour recevoir l'onction. Élisée était éveillé et vigilant lorsque les chars et les chevaux spirituels passaient. C'est la raison pour laquelle il reçut l'onction. Les gens qui dorment pendant de puissants services ratent souvent le moment où le manteau descend. Ils sont profondément endormis lorsque les chars et les chevaux passent. Pardonne !

4. Le Jourdain – Le lieu où vous devenez un fils pour votre père

C'est au Jourdain qu'Élisée appela Élie son père. Lorsque vous arrivez au point où vous considérez votre mentor spirituel comme un père, vous remplissez les critères requis pour recevoir l'onction.

Au départ, vous pouvez le voir comme un ami ou même un patron. Mais lorsqu'il devint votre père, vous êtes prêt à recevoir les bénédictions d'un fils ou d'une fille.

5. Le Jourdain – Le lieu où vous déchirez vos vêtements et enfilez le costume de votre père

C'est l'endroit où vous vous débarrassez de votre propre identité et prenez l'identité de la personne spirituelle que vous suivez. Vous commencerez à lui ressembler et à agir comme elle. Jean-Baptiste ressemblait à Élie parce qu'il portait son onction.

6. Le Jourdain – Le lieu où vous recevez l'onction

Jésus fut baptisé et rempli de l'Esprit au Jourdain.

Le Jourdain fut séparé à trois reprises par des personnes fortement ointes. La première fois, le Jourdain fut séparé en deux par Josué, alors qu'il le traversait avec le peuple d'Israël. La deuxième fois, le Jourdain fut séparé en deux lorsqu'Élie et Élisée le traversèrent ensemble. La troisième fois, le Jourdain fut séparé en deux lorsqu'Élie le traversa de nouveau avec la double portion qu'il venait juste de recevoir.

Puissiez-vous arriver au Jourdain où vous recevrez la double portion de l'onction !

Chapitre 20

La vie de la personne ointe

1. Une vie ointe est consacrée à Dieu

Élie délivra fidèlement de difficiles messages au roi. Une personne réellement ointe n'est pas dérangée par le fait de devenir impopulaire.

> **Élie, le Thischbite, l'un des habitants de Galaad, dit à Achab : L'ÉTERNEL est vivant, le Dieu d'Israël, dont je suis le serviteur ! Il n'y aura ces années-ci ni rosée ni pluie, sinon à ma parole.**
>
> **1 Rois 17 : 1**

2. Une vie ointe est une vie de paradoxes et de contradictions

Élie avait le pouvoir de stopper la pluie, mais il dut quand-même prendre la fuite et se soustraire à la vue de la reine.

> **Pars d'ici, dirige-toi vers l'orient, et cache-toi près du torrent de Kerith, qui est en face du Jourdain.**
>
> **1 Rois 17 : 3**

3. Une vie ointe est une vie de paradoxes et de contradictions

Élie, l'oint, avait le pouvoir de stopper et de faire tomber la pluie. Pourtant, il n'avait pas le pouvoir d'empêcher le torrent de s'assécher.

> **Mais au bout d'un certain temps le torrent fut à sec, car il n'était point tombé de pluie dans le pays.**
>
> **1 Rois 17 : 7**

4. Une vie ointe est une vie de paradoxes et de contradictions

Élie avait le pouvoir de stopper la pluie, mais aucun pouvoir pour empêcher que le fils d'une veuve qui vivait avec lui ne meure.

Après ces choses, le fils de la femme, maîtresse de la maison, devint malade, et sa maladie fut si violente qu'il ne resta plus en lui de respiration.

1 Rois 17 : 17

5. Une personne ointe vivra et prospèrera de la manière voulue par Dieu

Dieu décidera de la manière dont vous obtiendrez de l'argent, et de la manière dont vous l'utiliserez. En général, les personnes ointes sont bénies financièrement, mais d'une manière qui les rend humble. Élie fut nourri par des corbeaux et des veuves. C'est ainsi que Dieu avait choisi de le bénir.

LES CORBEAUX LUI APPORTAIENT DU PAIN et de la viande le matin, et du pain et de la viande le soir, et il buvait de l'eau du torrent.

1 Rois 17 : 6

6. Dieu ordonne à des supporters de croire en Ses oints !

Dieu ordonne à différentes personnes d'aimer les hommes oints ! Dieu ordonne à différentes personnes d'aider les hommes oints !

Alors la parole de l'ÉTERNEL lui fut adressée en ces mots : Lève-toi, va à Sarepta, qui appartient à Sidon, et demeure là. Voici, J'Y AI ORDONNÉ À UNE FEMME VEUVE DE TE NOURRIR. Elle alla, et elle fit selon la parole d'Élie. Et pendant longtemps elle eut de quoi manger, elle et sa famille, aussi bien qu'Élie.

1 Rois 17 : 8-9,15

7. Les hommes oints doivent supporter le fait d'être minoritaires

Et Élie dit au peuple : Je suis resté seul des prophètes de l'ÉTERNEL, et il y a quatre cent cinquante prophètes de Baal.

1 Rois 18 : 22

8. Les hommes oints doivent vaincre les « Jézabel » de leur ministère

Le type d'onction le plus élevé attire souvent l'esprit de Jézabel. Jézabel peut se manifester de différentes manières. Il peut s'agir d'une femme qui se sert de son corps pour vous aguicher et vous séduire.

Jéhu entra dans Jizreel. Jézabel, l'ayant appris, MIT DU FARD À SES YEUX, se para la tête, et regarda par la fenêtre. Comme Jéhu franchissait la porte, elle dit : Est-ce la paix, nouveau Zimri, assassin de son maître ? Il leva le visage vers la fenêtre, et dit : Qui est pour moi ? Qui ? Et deux ou trois eunuques le regardèrent en s'approchant de la fenêtre.

Il dit : Jetez-la en bas ! Ils la jetèrent, et il rejaillit de son sang sur la muraille et sur les chevaux. Jéhu la foula aux pieds...

2 Rois 9 : 30-33

Jézabel peut être une femme qui essaie de contrôler votre ministère en éliminant ceux qu'elle n'aime pas.

...et lorsque JÉZABEL EXTERMINA LES PROPHÈTES de l'ÉTERNEL, Abdias prit cent prophètes qu'il cacha cinquante par cinquante dans une caverne, et il les avait nourris de pain et d'eau.

1 Rois 18 : 4

Jézabel peut être une épouse qui manipule et contrôle la vie et les décisions de son époux.

Jézabel, sa femme, vint auprès de lui, et lui dit : Pourquoi as-tu l'esprit triste et ne manges tu point ?

Il lui répondit : J'ai parlé à Naboth de Jizreel, et je lui ai dit : Cède-moi ta vigne pour de l'argent ; ou, si tu veux, je te donnerai une autre vigne à la place. Mais il a dit : Je ne te donnerai pas ma vigne !

Alors Jézabel, sa femme, lui dit : Est-ce bien toi maintenant qui exerces la souveraineté sur Israël ? Lève-toi, prends de la nourriture, et que ton coeur se réjouisse ; moi, JE TE DONNERAI LA VIGNE de Naboth de Jizreel.

Et ELLE ÉCRIVIT au nom d'Achab des lettres qu'elle scella du sceau d'Achab, et qu'elle envoya aux anciens et aux magistrats qui habitaient avec Naboth dans sa ville.

Voici ce qu'ELLE ÉCRIVIT DANS CES LETTRES : Publiez un jeûne ; placez Naboth à la tête du peuple,

Et mettez en face de lui deux méchants hommes qui déposeront ainsi contre lui : Tu as maudit Dieu et le roi ! Puis menez-le dehors, lapidez-le, et qu'il meure.

LES GENS DE LA VILLE de Naboth, les anciens et les magistrats qui habitaient dans la ville, AGIRENT COMME JÉZABEL LE LEUR AVAIT FAIT DIRE; d'après ce qui était écrit dans les lettres qu'elle leur avait envoyées.

1 Rois 21 : 5-11

Jézabel peut aussi être un homme qui contrôle votre ministère et vos décisions.

Jézabel peut également être un mari qui manipule et restreint sa femme.

Chapitre 21

Comment saurai-je que je suis oint ?

Les gens demandent souvent : « Comment saurai-je que je suis oint ? » Je pense que la Bible contient plusieurs indications qui peuvent nous aider à répondre à cette question.

Huit moyens par lesquels vous pouvez savoir que vous êtes oint

1. Lorsque vous commencez à faire certaines choses que votre père/mentor fait, c'est un signe que vous portez son onction

Élisée fit beaucoup de miracles du même type que ceux d'Élie. Il fit en réalité le double des miracles que fit Élie parce qu'il avait une double portion de son onction. Un jour, je réalisai que j'écrivais des livres semblables dans leur orientation et leur contenu à ceux d'une personne que j'avais suivie pendant des années. Pour moi, c'était un signe que je portais une certaine onction.

2. Lorsque les gens font certains commentaires au sujet de votre prédication

Presque tous les prédicateurs sont félicités après avoir fait le ministère. Ce n'est pas de cela que je parle, et ce n'est certainement pas un signe que vous êtes oint.

Toutefois, il y a certaines remarques et certains commentaires que l'on fait au sujet d'une prédication ointe. Je m'en aperçois toujours lorsque ce type de remarque est fait à l'égard de personnes que je connais. Pour moi, c'est un signe que l'onction a commencé à s'infiltrer dans leurs ministères. Notez les remarques inhabituelles que l'on fit à propos du ministère de prédication de Jésus.

Après que Jésus eut achevé ces discours, la foule fut FRAPPÉE DE SA DOCTRINE ;

Matthieu 7 : 28

Quand le sabbat fut venu, il se mit à enseigner dans la synagogue. BEAUCOUP DE GENS QUI L'ENTENDIRENT ÉTAIENT ÉTONNÉS et disaient : D'où lui viennent ces choses ? Quelle est cette sagesse qui lui a été donnée, et comment de tels miracles se font-ils par ses mains ?

Marc 6 : 2

Les principaux sacrificateurs et les scribes, l'ayant entendu, cherchèrent les moyens de le faire périr ; car ils le craignaient, parce que TOUTE LA FOULE ÉTAIT FRAPPÉE DE SA DOCTRINE.

Marc 11 : 18

Tous ceux qui l'entendaient étaient FRAPPÉS DE SON INTELLIGENCE ET DE SES RÉPONSES.

Luc 2 : 47

On était FRAPPÉ de sa doctrine ; car IL PARLAIT AVEC AUTORITÉ.

Luc 4 : 32

3. La guérison est un signe que vous êtes oint

Vous pouvez élever la voix lorsque vous prêchez pour stimuler la congrégation. Vous pouvez aussi faire beaucoup de blagues pour que les gens soient contents de vos sermons. Toutes sortes d'astuces humaines peuvent être utilisées pour améliorer une prédication. Mais vous ne pouvez pas conjurer un véritable miracle. Soit les gens sont guéris, soit ils ne le sont pas. La guérison est assurément un signe de la présence de l'onction.

Vous savez comment Dieu a oint du Saint Esprit et de force Jésus de Nazareth, qui allait de lieu en lieu

faisant du bien et guérissant tous ceux qui étaient sous l'empire du diable, car Dieu était avec lui.

Actes 10 : 38

4. Faire le ministère aux pauvres est un signe d'onction

Faire le ministère aux pauvres est un signe qui indique qu'une personne est ointe.

La plupart des gens font le ministère dans des villes facilement accessibles et à des personnes qui ont les moyens de payer pour une bonne prédication.

Toutefois, prêcher aux pauvres à qui il a été ordonné de prêcher l'Évangile est une autre affaire. La plupart d'entre nous sommes guidés par des contraintes financières et l'absence de danger. Les ministres savent combien il est bon de recevoir de somptueux honoraires, et ils aiment retourner encore et encore vers des congrégations reconnaissantes et riches.

Il faut être réellement oint pour être conduit par le Saint-Esprit à faire le ministère parmi les pauvres.

L'Esprit du Seigneur est sur moi, parce qu'il m'a oint pour annoncer une bonne nouvelle aux pauvres ; Il m'a envoyé pour guérir ceux qui ont le coeur brisé...

Luc 4 : 18

5. L'évangélisation est un signe d'onction

Jésus a explicitement dit que le signe que le Saint-Esprit (l'onction) était présent serait le pouvoir de témoigner et d'évangéliser.

Mais vous recevrez une puissance, le Saint-Esprit survenant sur vous, et vous serez mes témoins à Jérusalem, dans toute la Judée, dans la Samarie, et jusqu'aux extrémités de la terre.

Actes 1 : 8

L'absence d'évangélisation dans beaucoup d'églises et de ministères est un signe de l'absence du Saint-Esprit (de l'onction).

L'esprit d'amour de l'argent du monde a remplacé le Saint-Esprit dans l'église !

6. Les missions aux extrémités de la terre sont un signe d'onction (le Saint-Esprit)

Les extrémités de la terre entendront l'Évangile lorsque le Saint-Esprit viendra. Vous remarquerez comment le Saint-Esprit (l'onction) pousse l'église vers les extrémités de la terre avec l'Évangile. Le fait que l'église refuse de quitter sa zone de confort pour aller vers les endroits reculés du monde est sans aucun doute un signe de l'absence de l'onction (du Saint-Esprit).

7. Voyager pour aller faire le ministère est un signe d'onction

La Bible dit que Jésus allait de lieu en lieu, faisant du bien et guérissant les gens. Il ne resta pas à un seul endroit. Il se rendait dans les endroits où il y avait des âmes. Il se rendit dans beaucoup de villes et de villages pour faire l'œuvre de Dieu. Il fit toutes ces choses parce qu'Il était oint pour voyager et apporter la délivrance et le salut à beaucoup.

8. Faire différentes bonnes œuvres est un signe d'onction

Il y a beaucoup de bonnes œuvres non explicites qui émanent de l'onction. La Bible enseigne que Jésus allait de lieu en lieu, FAISANT DU BIEN et guérissant tous ceux qui étaient sous l'empire du diable (Actes 10 : 38). L'onction, c'est le Saint-Esprit, qui est Dieu. Vous ne pouvez pas le limiter à la réalisation de certaines choses. Beaucoup de gens font différentes choses parce que l'onction repose sur leurs vies.

L'onction peut faire en sorte que vous aimiez quelqu'un (Marc 1 : 18).

L'onction peut faire en sorte que vous désiriez certaines choses (Philippiens 2 : 13, 1 Timothée 2 : 1).

L'onction peut faire en sorte que vous perdiez tout intérêt pour les choses terrestres (Colossiens 3 : 1-2).

L'onction peut faire en sorte que vous deveniez une aide (Exode 31 : 2-5).

L'onction peut faire en sorte que vous deveniez un bâtisseur (Exode 31 : 2-5).

L'onction peut faire en sorte que vous acquerriez de la sagesse (Ésaïe 11 : 1).

L'onction vous donne différentes aptitudes pour différentes choses (Exode 31 : 3).

Chapitre 22

Accomplissez votre ministère

Celui qui n'avait reçu qu'un talent s'approcha ensuite, et il dit : Seigneur, je savais que tu es un homme dur, qui moissonnes où tu n'as pas semé, et qui amasses où tu n'as pas vanné ;

J'AI EU PEUR, et je suis allé CACHER TON TALENT dans la terre ; voici, prends ce qui est à toi.

Son maître lui répondit : Serviteur MÉCHANT et PARESSEUX, tu savais que je moissonne où je n'ai pas semé, et que j'amasse où je n'ai pas vanné ;

Il te fallait donc remettre mon argent aux banquiers, et, à mon retour, j'aurais retiré ce qui est à moi avec un intérêt.

Ôtez lui donc le talent, et donnez-le à celui qui a les dix talents.

Car on donnera à celui qui a, et il sera dans l'abondance, mais à celui qui n'a pas on ôtera même ce qu'il a.

Et le SERVITEUR INUTILE, jetez le dans les ténèbres du dehors, où il y aura des pleurs et des grincements de dents.

Matthieu 25 : 24-30

Une fois que vous avez reçu l'onction, il est important que vous accomplissiez votre ministère. L'onction n'est pas destinée aux pique niques, aux jeux ou à d'autres plaisirs. Elle est donnée pour accomplir le travail sérieux qui consiste à gagner le monde à Christ.

Malheureusement, certaines personnes qui reçoivent l'onction n'accomplissent pas leur ministère et n'utilisent pas le don qu'elles ont reçu.

Sept raisons pour lesquelles certaines personnes n'accomplissent pas leur ministère

1. Elles ne veulent pas perdre quoi que ce soit

Elles ne veulent pas souffrir du fait d'avoir perdu quelque chose. Malheureusement, le ministère consiste à perdre sa vie afin de gagner des récompenses éternelles.

2. Elles ne veulent pas que quelqu'un d'autre profite gratuitement

L'homme qui avait un talent ne voulait pas que son dur maître reçoive quelque chose sans avoir rien fait. Cette attitude tient de nombreuses personnes à l'écart du ministère. Le ministère consiste à faire des choses pour des personnes qui n'ont rien payé pour cela. Il s'agit de faire le ministère aux pauvres, qui reçoivent des bénédictions coûteuses gratuitement.

3. Elles ont peur

L'homme qui n'utilisa pas son talent dit : « J'ai eu peur et je me suis caché. » La peur est un démon qui empêche les gens d'accomplir leur ministère.

4. Elles cachent leurs talents

« Je me suis caché » furent les mots qu'employa le serviteur inutile. C'est parce que les gens cachent leurs talents et leurs dons qu'ils n'accomplissent pas leur ministère.

Lorsqu'un don est caché, personne ne le voit et personne ne l'encourage.

5. Elles sont méchantes

Il est méchant de retenir quelque chose qui pourrait bénéficier à d'autres. Beaucoup de gens n'ont aucun amour pour les personnes qui souffrent, et c'est cette méchanceté qui les empêche de donner aux nécessiteux.

6. Elles sont paresseuses

Une pure paresse empêche beaucoup de personnes d'accomplir leur ministère. Le ministère nécessite que l'on travaille dur. Les paresseux n'ont pas leur place dans le vignoble. Jésus nous a dit de prier pour des ouvriers, pas pour des vacanciers !

7. Ce sont des serviteurs inutiles

Ce serviteur était une personne qui ne servait à rien dans l'église. Il n'aidait pas, ne contribuait à rien et n'aidait pas à bâtir quoi que ce soit. Il était totalement inutile dans l'église ! Les personnes inutiles sont dangereuses. Si vous n'êtes pas fidèle dans les petites choses, comment serez-vous fidèle avec l'onction ?

Cher ami, il est important que vous accomplissiez votre ministère. L'onction vous a été donnée pour un but. Ne soyez pas un serviteur inutile. Utilisons l'onction et gagnons ce monde pour Jésus !

On ne finirait pas, si l'on voulait faire un grand nombre de livres. Que les paroles de ce livre vous aident à trouver cette précieuse onction !

Les livres de

Dag Heward-Mills

1. Loyauté et déloyauté
2. Loyauté et déloyauté - Ceux qui vous accuse
3. Loyauté et déloyauté - Ceux qui sont des fils dangereux
4. Loyauté et déloyauté - Ceux qui sont ignorant
5. Loyauté et déloyauté - Ceux qui oublient
6. Loyauté et déloyauté - Ceux qui vous quittent
7. Loyauté et déloyauté - Ceux qui prétendent
8. La croissance de l'Eglise
9. L'implantation de l'Eglise
10. La méga église (2ème Edition)
11. Recevoir l'onction
12. Etapes menant à l'onction
13. Les douces influences de l'onction
14. Amplifiez votre ministère par les miracles et les manifestations du Saint Esprit
15. Transformer votre ministère pastoral
16. L'art d'être berger
17. L'art de leadership (3ème Edition)
18. L'art de suivre
19. L'art de ministère
20. L'art d'entendre (2ème Edition)
21. Perdre, Souffrir, Sacrifier et Mourir
22. Ce que signifie devenir berger
23. Les dix principales erreurs que font les pasteurs
24. Car on donnera à celui qui a et à celui qui n'a pas on ôtera même ce qu'il a
25. Pourquoi les chrétiens qui ne paient pas la dime deviennent pauvres et comment les chrétiens qui paient la dime peuvent devenir riches.
26. La puissance du sang
27. Anagkazo
28. Dites-leur
29. Comment naître de nouveau et éviter l'enfer
30. Nombreux sont appelés
31. Dangers spirituels
32. La Rétrogradation
33. Nommez-le! Réclamez-le ! Prenez-le !
34. Les démons et comment les affronter
35. Comment prier
36. Formule pour l'humilité
37. Ma fille, tu peux y arriver
38. Comprendre le temps de recueillement
39. Ethique ministérielle (2ème Edition)
40. Laikos

www.ingramcontent.com/pod-product-compliance
Lightning Source LLC
LaVergne TN
LVHW020633100826
845148LV00012B/2174

* 9 7 8 9 9 8 8 8 5 5 2 0 8 *